**BOSANSKO – TURSKI PRIRUČNIK
ZA SVAKODNEVNU KOMUNIKACIJU**
* * *
BOŠNAKÇA – TÜRKÇE KONUŞMA KILAVUZU

**BOSANSKO – TURSKI PRIRUČNIK
ZA SVAKODNEVNU KOMUNIKACIJU**
***
BOŞNAKÇA – TÜRKÇE KONUŞMA KILAVUZU

Šejla Berberović
Nadira Žunić
Nedim Berberović

Izdavač: Centar za turski jezik i kulturu "Levent" Tuzla

Urednik: Nedim Berberović

Recenzija: Doc. dr. Elvir Musić

Lektor bosanskog teksta: Sanja Dukić

Lektor turskog teksta: Nadira Žunić

Fotografija naslovnice: Sulejman Muratović

Štampa: Mikroštampa doo Tuzla

I izdanje, 2014. godina, tiraž 1000 komada

CIP - Katalogizacija u publikaciji
Nacionalna i univerzitetska biblioteka
Bosne i Hercegovine, Sarajevo

811.163.4*3=512.161(035)

BERBEROVIĆ, Šejla
  Bosansko-turski priručnik za svakodnevnu
komunikaciju = Boşnakça-Türkçe konuşma kılavuzu /
Šejla Berberović, Nadira Žunić, Nedim Berberović.
- Tuzla : Centar za turski jezik i kulturu
"Levent", 2014. - 134 str. ; 24 cm

ISBN 978-9958-0383-0-3
1. Žunić, Nadira 2. Berberović, Nedim
COBISS.BH-ID 21706758

Šejla Berberović
Nadira Žunić
Nedim Berberović

BOSANSKO – TURSKI PRIRUČNIK ZA SVAKODNEVNU KOMUNIKACIJU
* * *
BOŠNAKÇA – TÜRKÇE KONUŞMA KILAVUZU

Zahvaljujemo se onima koji su pomogli da pripremimo i izdamo ovaj priručnik, prije svega: Ziraatbank BH dd Sarajevo, Federalnom ministarstvu kulture i sporta i Grafičkom studiju "Pixo" iz Tuzle, kao i svima ostalima koji su nas na bilo koji način podržali i bili dio ovog projekta.
Bez vas ovo ne bi bilo moguće.

Autori

SADRŽAJ - İÇİNDEKİLER

PREDGOVOR	9
TURSKI ALFABET	10
GRAMATIKA TURSKOG JEZIKA	11
OPĆI POJMOVI - GENEL TERİMLER	19
POZDRAVI – SELAMLAR	19
VRIJEME – ZAMANLAR	19
SEDMICA - HAFTA	20
MJESECI – AYLAR	21
GODIŠNJA DOBA – MEVSİMLER	21
BOJE – RENKLER	21
BROJEVI - SAYILAR	21
RAZLOMCI - KESİRLİ SAYILAR	22
REDNI BROJEVI – SIRA SAYILARI	22
IDENTITET - KİMLİK	22
KOLIKO JE SATI? - SAAT KAÇ?	22
NA CARINI – GÜMRÜKTE	23
PUTOVANJE - YOLCULUK	25
Avion - Uçak	25
Voz – Tren	27
Autobus - Otobüs	29
Brod - Gemi	31
Taksi - Taksi	32
Putovanje automobilom - Arabayla yolculuk	33
HOTEL – OTEL	34
Rezervacija - Rezervasyon	34
Dolazak - Varış	34
Hotelske usluge - Otel servisi	36
Pritužbe - Şikayetler	37
Odjava - Ayrılma	38
PRAONICA RUBLJA - ÇAMAŞIR YIKAMA	40
BANKA, MJENJAČNICA – BANKA, DÖVİZ BÜROSU	40
POŠTA - POSTANE	42
BROJEVI HITNIH SLUŽBI - ACİL TELEFONLAR	43
IZNAJMLJIVANJE AUTA - ARABA KİRALAMA	43
NA BENZINSKOJ PUMPI - BENZİN İSTASYONUNDA	44
SAOBRAĆAJ - TRAFİK	45
Saobraćajne nesreće - Trafik kazaları	45
Saobraćajni prekršaji - Trafik kurallarının ihlali	46
Saobraćajni znaci - Trafik işaretleri	47
POPRAVKA AUTA - ARABA TAMİRİ	47
Dijelovi automobila - Araba parçaları	49

Alat - Aletler	49
TURISTIČKE INFORMACIJE - TURİZM DANIŞMA BÜROSU	49
SNALAŽENJE U GRADU - ŞEHİRDE BİLGİ EDİNME	52
Orijentacija - Yönler	54
NATPISI I OBAVJEŠTENJA – UYARI LEVHALARI VE DİĞER İŞARET TABELALARI	54
U RESTORANU - LOKANTADA	55
Naručivanje - Sipariş	55
Plaćanje računa - Hesap ödeme	57
Prigovori - Şikayetler	57
Posuđe i pribor za jelo - Züccaciye ve çatal bıçak	58
JELA - YEMEKLER	58
Doručak - Kahvaltı	58
Ručak i večera - Öğle ve akşam yemeği	58
Supe, čorbe - Çorbalar	58
Jela – Yemekler	59
Načini pripreme - Yemek pişirme biçimleri	59
Salate - Salatalar	60
Dezerti - Tatlılar	60
Živina - Kümes hayvanları	60
Divljač - Av hayvanları	60
Ribe i plodovi mora - Balık ve deniz ürünleri	60
Povrće - Sebzeler	61
Voće – Meyveler	61
Začini - Baharatlar	61
PIĆA – İÇECEKLER	62
Čajevi - Çaylar	62
UPOZNAVANJE - TANIŞMA	62
Porodica – Aile	63
POZIVNICE – DAVETLER	63
Prihvatanje - Kabul etme	64
Odbijanje - Reddetme	64
Slaganje - Katılmak	64
Neslaganje - Katılmamak	64
Iznenađenje - Sürpriz	65
Izvınjenja - Özür dileme	65
DRUŽENJE – BİRİYLE VAKİT GEÇİRMEK	65
IZLAZAK UDVOJE - BULUŞMA	67
KOMPLIMENTI - İLTİFATLAR	68
Riječi ljubavi - Aşk sözleri	68
IZRAŽAVANJE SUOSJEĆANJA – TAZİYELER	69
OSOBINE – ÖZELLİKLERİ	69

U POSJETI PRIJATELJIMA - ZİYARETLER	70
ZABAVA – EĞLENCE	71
Televizija - Televizyon	71
Pozorište - Tiyatro	72
Kino - Sinema	73
Noćni klub - Gece kulübü	74
Hobi - Hobi	74
Izložba - Sergi	75
Šah - Satranç	75
Karte - İskambil	75
Muzika - Müzik	76
Horoskopski znaci - Burçlar	76
KOD FRIZERA I BERBERINA – KUAFÖRDE ve BERBERDE	76
DOKTOR – DOKTOR	77
Tijelo - Vücut	81
KOD ZUBARA – DİŞÇİDE	82
APOTEKA - ECZANE	83
GODIŠNJI ODMOR - TATİL	83
Na plaži – Sahilde	83
Odmaralište - Tatil köyü	85
Skijanje – Kayak	85
Kampovanje - Kamp yapmak	86
Selo - Köy	87
Drveće - Ağaçlar	87
Cvijeće - Çiçekler	87
Životinje – Hayvanlar	87
SPORT – SPOR	88
KUPOVINA – ALIŞVERİŞ	90
Vrste prodavnica - Dükkan çeşitleri	90
Prodavnica odjeće - Giyim mağazası	90
Vrste odjeće - Elbise çeşitleri	92
Tkanine - Kumaşlar	93
Dezeni – Desenler	93
Prodavnica obuće – Ayakkabı mağazası	93
Zlatara - Kuyumcu	93
Njega tijela – Vücut bakımı	94
Prodavnica električnih uređaja - Elektrik eşyası dükkanı	94
Kod fotografa - Fotoğrafçıda	95
U knjižari - Kitapçıda	95
Žalbe (Reklamacije) - Şikayetler	96
ŠKOLA - OKUL	96
RAZGOVOR ZA POSAO - İŞ GÖRÜŞMESİ	97

Zanimanja - Meslekler	98
POSLOVI SA NEKRETNINAMA - EMLAKÇI İŞLERİ	99
TELEFONIRANJE - TELEFON ETMEK	100
ZAKAZIVANJE SASTANAKA - RANDEVU ALMAK	102
POSLOVNO PUTOVANJE - İŞ YOLCULUĞU	103
POSLOVANJE – İŞLETME	103
Pakovanje i oznake - Ambalajlama ve işaretleme	104
Transport - Taşıma	105
Poslovni termini - İş terimleri	105
PRAZNICI - BAYRAMLAR	105
Čestitke - Kutlamalar	106
VREMENSKE PRILIKE - HAVA DURUMU	106
VANREDNE SITUACIJE - ACIL DURUMLAR	108
PISMA - MEKTUPLAR	110
Pismo u znak zahvalnosti - Teşekkür mektubu	110
Čestitka - Kutlama mektubu	111
Izjave saučešća - Taziye mektupları	111
RJEČNIK KOMPJUTERSKIH TERMINA	112
BİLGİSAYAR TERİMLERİ SÖZLÜĞÜ	112
BOŠNAKÇA ALFABE VE TELAFFUZ	117

PREDGOVOR

Svijet u kojem živimo svakodnevno se mijenja, mjera za dužinu svaki čas se smanjuje, a narodi koje su nekoć dijelili brojni kilometri sve su bliži jedni drugima. Posjete drugim državama već odavno su se počele uvlačiti u svakodnevnicu svakog od nas. Putuje se s namjerom upoznavanja s prošlošću, kulturom i tradicijom drugih naroda, radi zasnivanja radnog odnosa i sticanja novih stručnih iskustava, obrazovanja, trgovine i upoznavanja novih ljudi u kojima tražimo prijatelje, emocije i iskrenost.

Ovaj Bosansko-turski priručnik za svakodnevnu komunikaciju s 1.500 rečenica korisnih u svakoj situaciji i rječnikom od preko 5.000 riječi, umnogome nam olakšava i turističke putešestvije i uspostavu komunikacije sa stanovnicima prostranog područja turkofona koje se ne ograničava samo na Republiku Tursku, već obuhvata i dijelove Makedonije, Kosova, Dagestana, Azerbajdžana, te skoro cjelokupnu Srednju Aziju. S ovim priručnikom u rukama sada se slobodno smijemo otisnuti na put po velikom dijelu planete koju nastanjujemo. Naravno, s istim priručnikom u rukama i putnici s turskog govornog područja dobro su došli u naše čaršije.

Bosansko-turski priručnik za svakodnevnu komunikaciju u sebi sadrži rečenice koje su najčešće u upotrebi u situacijama opisanim u njemu, zbog čega je komunikacija s natalnim govornicima turskog jezika umnogome olakšana i ne iziskuje mjesece i godine rada i truda neophodnog za učenje turskog jezika. Uz to, upotreba ovog priručnika će u psihi korisnika postaviti čvrste temelje bliskosti sa samim jezikom, te u konačnici olakšati mu – poželi li to – učenje jezika. Rečenice navedene u ovom priručniku tako su osmišljene da u psihu unose okvire u kojima se kasnije mogu javljati nove rečenice, a samo učenje riječi i ovladavanje gramatičkim pravilima spomenutim u priručniku sasma je dovoljno za činjenje prvih, ali čvrstih, koraka prema aktivnoj komunikaciji turskim jezikom bez bilo čije pomoći.

S obzirom na sve navedeno, budućim putnicima namjernicima, studentima, radnicima i trgovcima koji se namjeravaju otisnuti put Republike Turske i drugih zemalja turkofona najtoplije preporučujem korištenje ovog iznimno kvalitetno pripremljenog priručnika.

Doç. dr. Elvir Musiç
Mevlana Üniversitesi
Konya, Türkiye Cümhuriyeti

TURSKI ALFABET

Turski alfabet se sastoji od 29 slova, od čega je čak 8 samoglasnika. Zahvaljujući velikom broju samoglasnika turski jezik ima izuzetnu melodičnost i harmoniju.

Slova su uglavnom ista kao i slova bosanskog alfabeta i važi pravilo da se čitaju kao što su i napisana. Izuzetak su slova **C, Ç, Ğ, J, Ü, Ö, Y** i slovo **I**.

Slova		Izgovor
A	a	a
B	b	b
C	c	đ
Ç	ç	ć
D	d	d
E	e	e
F	f	f
G	g	g
Ğ	ğ	mehko **g** (produžava vokal iza koga slijedi)
H	h	h
I	ı	muklo **i** (u riječima poput prst, krv, trn..)
İ	i	i
J	j	ž
K	k	k
L	l	l
M	m	m
N	n	n
O	o	o
Ö	ö	između **o** i **e** (usne u položaju za izgovaranje **o**, izgovara se **e**)
P	p	p
R	r	r
S	s	s
Ş	ş	š
T	t	t
U	u	u

Ü	ü	između **u** i **e** (usne u položaju za izgovaranje **o**, izgovara se **u**)
V	v	v
Y	y	j
Z	z	z

GRAMATIKA TURSKOG JEZIKA

Turski je aglutinativan jezik, što znači da se na korijen riječi dodaju sufiksi. Gramatička struktura turskog jezika u potpunosti se razlikuje od ostalih evropskih jezika. Osnovne specifičnosti turskog koje ujedno i čine ovaj jezik drugačijim od ostalih su: red riječi u rečenici, različiti sufiksi, vokalna harmonija, te nepoznavanje gramatičkog roda.

VOKALNA HARMONIJA

Pravilom vokalne harmonije određuje se raspored vokala u riječi. Turski jezik ima ukupno osam samoglasnika koji se dijele na dvije grupe :

KALIN ÜNLÜLER (tvrdi vokali)	A	I	O	U
İNCE ÜNLÜLER (mehki vokali)	E	İ	Ö	Ü

Sve izvorno turske riječi mogu se podijeliti na: riječi sa tvrdim vokalima (araba – auto, çanta - tašna), te na riječi sa mehkim vokalima (yedi – sedam, defter – sveska). Izuzetak su riječi stranog porijekla koje se ne vode nužno pravilom vokalne harmonije (oto+büs – autobus, ka+lem - olovka).

Bitno je spomenuti da slovo **i** u turskom jeziku može imati četiri fonetske varijante, a to su: ı, i, u, ü. Uvijek pratimo posljednji vokal u riječi, odnosno, vokal koji se nalazi u posljednjem slogu riječi i na osnovu njega dodajemo odgovarajući nastavak.

a	ı	e	i	o	u	ö	ü
	ı		i		u		ü
adam- ı		defter- i		televiz**o**n -u		otob**ü**s- ü	

GLASOVNE PROMJENE

U turskom jeziku ima osam bezvučnih konsonanata, a to su:
F, P, Ş, Ç, K, H, S, T (formula za lakše pamćenje : F**ı**ST**ı**KÇ**ı** ŞaHaP).
Fonemi **p, t, ç, k** ozvučuju se na kraju riječi kada se na tu riječ doda sufiks koji počinje vokalom.

p - b
mektup (pismo) – mektup+u – mektubu

t - d
kurt (vuk) – kurt+u – kurdu

ç - c
ağaç (drvo) – ağaç+ı – ağacı

k -ğ
çocuk (dijete) - çocuk +u - çocuğu

MNOŽINA IMENICA

Množina imenica u turskom jeziku gradi se dodavanjem nastavaka **lar/ ler**. Nastavak se određuje u skladu sa pravilom vokalne harmonije:

Tvrdi vokali	A	I	O	U	LAR
Mehki vokali	E	İ	Ö	Ü	LER

Uvijek pratimo vokal u posljednjem slogu u riječi i na osnovu njega dodajemo odgovarajući nastavak za množinu.

yol-**lar** - putevi
çocuk-**lar** - djeca
kitap-**lar** - knjige

defter-**ler** - sveske
kedi-**ler** - mačke
otobüs-**ler** - autobusi

Ukoliko ispred imenice stoji broj, onda na imenicu ne dodajemo nastavak za množinu.

İki kalem – dvije olovke   **Üç** defter – tri sveske

LIČNE ZAMJENICE

Ben - ja
Sen - ti
O - on, ona, ono

Biz - mi
Siz - vi
Onlar - oni

PRISVOJNI SUFIKSI

Prisvojni sufiksi pišu se spojeno sa imenicom i podliježu zakonu vokalne harmonije.

Ukoliko se imenica završava vokalom, nastavci za prisvojne sufikse su sljedeći:

1. **m** – moj
2. **n** - tvoj
3. **sı, si, su, sü** -njegov

1. **mız, miz, muz, müz** – naš
2. **nız, niz, nuz, nüz** – vaš
3. **ları, leri** - njihov

anne-**m**	moja mama	anne-**miz**	naša mama
anne-**n**	tvoja mama	anne-**niz**	vaša mama
anne-**si**	njegova, njena mama	anne-**leri**	njihova mama

Ukoliko se imenica završava konsonantom, nastavci za prisvojne sufikse su sljedeći:

1. **ım, im, um, üm**
2. **ın, in, un, ün**
3. **ı, i, u, ü**

1. **ımız, imiz, umuz, ümüz**
2. **nız, iniz, unuz, ünüz**
3. **ları, leri**

arkadaş - **ım**	moj drug	arkadaş-**ımız**	naš drug
arkadaş - **ın**	tvoj drug	arkadaş - **ınız**	vaš drug
arkadaş - **ı**	njegov/njen drug	arkadaş - **ları**	njihov drug

PREZENT POMOĆNOG GLAGOLA İMEK (biti)
(bos.-sam, si, je, smo, ste, su)

Nastavci za prezent pomoćnog glagola imek su:

(y)ım, (y)im, (y)um, (y)üm	Öğrenci-**yim** - Ja sam učenik.
sın, sin, sun, sün	Öğrenci-**sin** - Ti si učenik.
dır, dir, dur, dür tır, tir tur ,tür	Öğrenci-**dir** - On, ona je učenik.
(y)ız , (y)iz, (y)uz, (y)üz	Öğrenci-**yiz** - Mi smo učenici.
sınız, siniz, sunuz, sünüz	Öğrenci-**siniz** - Vi ste učenici.
lar ili ler (ovisno od toga na koji vokal se završava imenica)	Öğrenci-**ler** - Oni su učenici.

Odričan oblik izražava se pomoću riječi **değil** na koju se dodaju nastavci pomoćnog glagola imek:

Öğrenci **değilim.**	Ja nisam učenik.
Öğrenci **değilsin.**	Ti nisi učenik.
Öğrenci **değil(dir).**	On, ona nije učenik.
Öğrenci **değiliz.**	Mi nismo učenici.
Öğrenci **değilsiniz.**	Vi niste učenici.
Öğrenci **değiller.**	Oni nisu učenici.

Upitan oblik gradi se dodavanjem riječce **mı, mi, mu, mü** na koju se dodaju nastavci pomoćnog glagola imek:

Öğrenci **miyim**?	Da li sam ja učenik?
Öğrenci **misin**?	Da li si ti učenik?
Öğrenci **mi(dir)**?	Da li je on, ona učenik?
Öğrenci **miyiz**?	Da li smo mi učenici?
Öğrenci **misiniz**?	Da li ste vi učenici?
Öğrenci**ler mi**?	Da li su oni učenici?

PADEŽI

U turskom jeziku ima ukupno 6 padeža: nominativ, genitiv, dativ, akuzativ, lokativ i ablativ.

Nom: nema nastavak çanta - torba subjekat

Gen: (n)ın,(n)in,(n)un,(n)ün	çanta**nın** - torbe	prisvojnost
Dat: (y)a,(y)e	çanta**ya** - torbi	pravac kretanja
Akz: (y)ı, (y)i, (y)u, (y)ü	çanta**yı** - torbu	objekat
Lok: da, de, ta, te	çanta**da** - u torbi	lokacija
Abl: dan, den, tan, ten	çanta**dan** - iz torbe	početna tačka

Ukoliko se imenica završava jednim od slova **F, P, Ş, Ç, K, H, S, T** onda će nastavak za lokativ i ablativ biti **ta/te, tan/ten**

Lok: sınıf**ta** – u učionici **Lok:** kafes**te** – u kavezu
Abl: sınıf**tan** – iz učionice **Abl:** kafes**ten** – iz kaveza

DEKLINACIJA LIČNIH ZAMJENICA

ben	sen	o	biz	siz	onlar
benim	senin	onun	bizim	sizin	onların
bana	sana	ona	bize	size	onlara
beni	seni	onu	bizi	sizi	onları
bende	sende	onda	bizde	sizde	onlarda
benden	senden	ondan	bizden	sizden	onlardan

PREDIKATIVI VAR (ima) i YOK (nema)

U turskom jeziku ne postoji gl. IMATI pa se prisvojnost izražava pomoću predikata koji označava postojanje nečeg **var** - ima, dok je njegova negacija **yok** - nema.

Param **var.**	Imam para.	Arabamız **var.**	Imamo auto.
Param **yok.**	Nemam para.	Arabamız **yok.**	Nemamo auto.

KOMPARACIJA PRIDJEVA

Komparativ u turskom jeziku gradi se dodavanjem priloga **daha –još**, a superlativ dodavanjem priloga **en-naj**.

güzel – lijep, **daha güzel** – ljepši, **en güzel** - najljepši

POKAZNE ZAMJENICE

bu - ovaj, ova, ovo   **bunlar** -ova, ovi, ove
şu - taj, ta, to   **şunlar** - ta, te, ti
o - onaj, ona, ono   **onlar** - ona, one, oni

PREZENT NA -(i)yor – SADAŠNJE VRIJEME

Svi glagoli u turskom jeziku sastoje se od osnove i sufiksa **mak/mek**. Odbijanjem sufiksa mak ili mek dobijemo glagolsku osnovu.

Prezent se tvori dodavanjem nastavka (i)yor na glagolsku osnovu, a potom se dodaju lični nastavci I kategorije (nastavci prezenta pomoćnog glagola imek).

Odričan oblik dobijemo tako što na glagolsku osnovu dodamo negacijsku riječcu **ma/me,** koja je u prezentu uvijek u obliku **m(i)**, zatim nastavak za prezent (i)yor, a potom lične nastavke.

POTVRDAN OBLIK / ODRIČAN OBLIK

POTVRDAN OBLIK		ODRIČAN OBLIK	
Bil+iyor+um.	Ja znam.	Bil+mi+yor+um	Ja ne znam.
Bil+iyor+sun.	Ti znaš.	Bil+mi+yor+sun	Ti ne znaš.
Bil+iyor.	On, ona zna.	Bil+mi+yor	On, ona ne zna.
Bil+iyor+uz.	Mi znamo.	Bil+mi+yor+uz	Mi ne znamo.
Bil+iyor+sunuz.	Vi znate.	Bil+mi+yor+sunuz	Vi ne znate.
Bil+iyor+lar.	Oni znaju.	Bil+mi+yor+lar	Oni ne znaju.

UPITNI OBLIK / UPITNO-ODRIČAN OBLIK

UPITNI OBLIK		UPITNO-ODRIČAN OBLIK	
Biliyor muyum?	Da li ja znam?	Bilmiyor muyum?	Zar ja ne znam?
Biliyor musun?	Da li ti znaš?	Bilmiyor musun?	Zar ti ne znaš?
Biliyor mu?	Da li on, ona zna?	Bilmiyor mu?	Zar on, ona ne zna?
Biliyor muyuz?	Da li mi znamo?	Bilmiyor muyuz?	Zar mi ne znamo?
Biliyor musunuz?	Da li vi znate?	Bilmiyor musunuz?	Zar vi ne znate?
Biliyorlar mı?	Da li oni znaju?	Bilmiyorlar mı?	Zar oni ne znaju?

PERFEKT NA - d(i) – PROŠLO VRIJEME

Perfekt se gradi dodavanjem nastavaka dı, di, du, dü na glagolsku osnovu, a zatim se dodaju lični nastavci II kategorije.

Negacija se gradi tako što se na korijen glagola stavi negacijska riječca **ma** ili **me**, a zatim se doda nastavak za perfekt d(i).

POTVRDAN OBLIK		ODRIČAN OBLIK	
Gel+di+m.	Došao sam.	Gel+me+di+m	Nisam došao.
Gel+di+n.	Došao si.	Gel+me+di+n	Nisi došao.
Gel+di.	Došao je.	Gel+me+di	Nije došao.
Gel+di+k.	Došli smo.	Ge+me+di+k	Nismo došli.
Gel+di+niz.	Došli ste.	Gel+me+di+niz	Niste došli.
Gel+di+ler.	Došli su.	Gel+me+di+ler	Nisu došli.

UPITNI OBLIK		UPITNO-ODRIČAN OBLIK	
Geldim mi?	Da li sam došao?	Gelmedim mi?	Zar nisam došao?
Geldin mi?	Da li si došao?	Gelmedin mi?	Zar nisi došao?
Geldi mi?	Da li je došao?	Gelmedi mi?	Zar nije došao?
Geldik mi?	Da li smo došli?	Gelmedik mi?	Zar nismo došli?
Geldiniz mi?	Da li ste došli?	Gelmediniz mi?	Zar niste došli?
Geldiler mi?	Da li su došli?	Gelmediler mi?	Zar nisu došli?

Ukoliko se glagolska osnova završava na jedan od bezvučnih konsonanata **f, p, ş, ç, k, h, s, t** onda će nastavak za prošlo vrijeme biti: **tı, ti, tu, tü**.

Koş+tu+m.   Trčao sam.   Çalış+tı+m.   Radio sam.

FUTUR – BUDUĆE VRIJEME

Futur se tvori tako što se na glagolsku osnovu doda nastavak **acak/ecek**, a potom se dodaju lični nastavci I kategorije. Ukoliko se glagolska osnova završava na vokal, nastavak za futur će biti **yacak/yecek**.

U prvom licu jednine i prvom licu množine posljednje slovo nastavka **acak/ecek** „k" prelazi u „ğ".

Negacija se tvori tako što se na glagolsku osnovu doda nastavak **ma/me**, a zatim nastavak za buduće vrijeme **(y)acak/(y)ecek**.

POTVRDAN OBLIK

Al+acağ+ım.	Ja ću uzeti.
Al +acak+sın.	Ti ćeš uzeti.
Al +acak.	On, ona će uzeti.
Al +acağ+ız.	Mi ćemo uzeti.
Al +acak+sınız.	Vi ćete uzeti.
Al +acak+lar.	Oni će uzeti.

ODRIČAN OBLIK

Al +ma+yacağ+ım.	Ja neću uzeti.
Al +ma+yacak+sın.	Ti nećeš uzeti.
Al +ma+yacak.	On, ona neće uzeti.
Al +ma+yacağ+ız.	Mi nećemo uzeti.
Al +ma+yacak+sınız.	Vi nećete uzeti.
Al +ma+yacak+lar.	Oni neće uzeti.

UPITNI OBLIK

Alacak mıyım?	Da li ću uzeti?
Alacak mısın?	Da li ćeš uzeti?
Alacak mı?	Da li će uzeti?
Alacak mıyız?	Da li ćemo uzeti?
Alacak mısınız?	Da li ćete uzeti?
Alacaklar mı?	Da li će uzeti?

UPITNO-ODRIČAN OBLIK

Almayacak mıyım?	Zar ja neću uzeti?
Almayacak mısın?	Zar ti nećeš uzeti?
Almayacak mı?	Zar on, ona neće uzeti?
Almayacak mıyız?	Zar mi nećemo uzeti?
Almayacak mısınız?	Zar vi nećete uzeti?
Almayacaklar mı?	Zar oni neće uzeti?

OPĆI POJMOVI - GENEL TERİMLER

blizu	yakın	neko	biri, birisi
daleko	uzak	nešto	bir şey
dvaput	iki defa, iki kere	nigdje	hiçbir yerde
gdje	nerede	nikad	hiç bir zaman
ispred	önde	niko	hiç kimse
iza	arkada	ništa	hiçbir şey
jedanput	bir defa, bir kez	ovdje	burada
kada	ne zaman	pored	yanında
kako	nasıl	poslije	sonra
kasnije	sonra, daha sonra	prije	evvel, önce
kasno	geç	rano	erken
ko	kim	sada	şimdi
koji	hangi	šta	ne
koliko	ne kadar, kaç	svako	herkes
koliko često	ne kadar sık	svuda	her yerde
koliko dugo	ne kadar uzun süre	tamo	orada
kuda	nereye	tri, četiri puta	Iki, üç defa
malo	az	uvijek	her zaman, daima
mnogo	çok	zašto	niçin
negdje	bir yerde	zato što	çünkü

POZDRAVI – SELAMLAR

Bolje vas našao.	Hoş bulduk
Dobar dan!	İyi günler
Dobro došao!	Hoş geldin
Dobro došli!	Hoş geldiniz
Dobro jutro!	Günaydın

Dobro veče!	İyi akşamlar
Laku noć!	İyi geceler
Sretan put!	Yolun açık olsun
Vidimo se!	Görüşürüz
Zdravo!	Merhaba

Ćao! Doviđenja! (govori se onome ko odlazi)	Güle güle
Doviđenja! (govori se onome ko ostaje)	Hoşçakalın

VRIJEME – ZAMANLAR

Koji je danas dan?	Bugün günlerden ne?
Prije dva dana.	İki gün önce.
Kroz tri dana.	Üç gün sonra.
Koji je danas datum?	Bugünün tarihi ne?

Hoćemo li se sutra vidjeti?	Yarın görüşecek miyiz?
Žao mi je, sutra ne mogu.	Üzgünüm, yarın müsait değilim.
Nadam se da ćemo se uskoro vidjeti.	Yakında görüşürüz umarım.

dan	gün	ponoć	gece yarısı
danas	bugün	popodne	öğleden sonra
današnji datum	bugünün tarihi	prekjuče	evvelsi gün
dani	günler	prekosutra	öbür gün
datum	tarih	prošla sedmica	geçen hafta
dnevno	günlük, günde	radni dan	iş günü
godina	yıl, sene	rano	erken
godišnje	yıllık, senelik; yılda, senede	sedmica	hafta
juče	dün	sedmično	haftalık, haftada
jutro	sabah	sinoć	dün akşam
kasno	geç	sljedećeg mjeseca	gelecek ay
mjesec	ay	sutra	yarın
mjesečno	aylık, ayda	u toku dana	gündüz, gündüzleyin
noć	gece	ujutro	sabahleyin
obično	genelde	uvijek	her zaman
podne	öğle	veče	akşam
ponekad	bazen	za vikend	haftasonu

SEDMICA - HAFTA

ponedjeljak	pazartesi	utorak	salı
srijeda	çarşamba	četvrtak	perşembe
petak	cuma	subota	cumartesi
nedjelja	pazar		

Juče je bila subota.	Dün Cumartesi idi.
Danas je nedjelja.	Bugün Pazar.
Danas ne radim.	Bugün çalışmıyorum.
Sutra je ponedjeljak.	Yarın Pazartesi.
Sutra ponovno radim.	Yarın yine çalışacağım.
Mi radimo samo pet dana.	Biz yalnızca beş gün çalışıyoruz.

Sutra imam slobodno.	Yarın boşum.
U subotu.	Cumartesi günü.
U ponedjeljak ujutro.	Pazartesi sabahı.

MJESECI – AYLAR

januar	ocak	februar	şubat
mart	mart	april	nisan
maj	mayıs	juni	haziran
juli	temmuz	avgust	ağustos
septembar	eylül	oktobar	ekim
novembar	kasım	decembar	aralık

25. juna.	Yirmibeş Haziran'da.
U decembru.	Aralık ayında.

GODIŠNJA DOBA – MEVSİMLER

proljeće	ilkbahar	ljeto	yaz
jesen	sonbahar	zima	kış

BOJE – RENKLER

bijela	beyaz	roza	pembe
crna	siyah	siva	gri
crvena	kırmızı	smeđa	kahverengi
ljubičasta	mor	tamno plava	lacivert
narandžasta	turuncu	zelena	yeşil
plava	mavi	žuta	sarı

BROJEVI - SAYILAR

0	nula	sıfır	20	dvadeset	yirmi
1	jedan	bir	21	dvadeset jedan	yirmi bir
2	dva	iki	30	trideset	otuz
3	tri	üç	40	četrdeset	kırk
4	četiri	dört	50	pedeset	elli
5	pet	beş	60	šesdeset	altmış
6	šest	altı	70	sedamdeset	yetmiş
7	sedam	yedi	80	osamdeset	seksen
8	osam	sekiz	90	devedeset	doksan
9	devet	dokuz	100	sto	yüz

10	deset	on	101	sto jedan	yüz bir
11	jedanaest	on bir	150	sto pedeset	yüz elli
12	dvanaest	on iki	200	dvjesto	iki yüz
13	trinaest	on üç	300	tristo	üç yüz
14	četrnaest	on dört	400	četiristo	dört yüz
15	petnaest	on beş	500	petsto	beş yüz
16	šesnaest	on altı	501	petsto jedan	beş yüz bir
17	sedamnaest	on yedi	550	petsto pedeset	beş yüz elli
18	osamnaest	on sekiz	551	petsto pedeset jedan	beş yüz elli bir
19	devetnaest	on dokuz	1000	hiljada	bin

RAZLOMCI - KESİRLİ SAYILAR

1/2	yarım	1/4	dörtte bir
1/3	üçte bir	1/5	beşte bir
2/3	üçte iki	2/5	beşte iki

REDNI BROJEVI – SIRA SAYILARI

1.	birinci	9.	dokuzuncu
2.	ikinci	10.	onuncu
3.	üçüncü	11.	onbirinci
4.	dördüncü	12.	onikinci
5.	beşinci	20.	yirminci
6.	altıncı	21.	yirmibirinci
7.	yedinci	22.	yirmiikinci
8.	sekizinci	30.	otuzuncu

IDENTITET - KİMLİK

datum rođenja	doğum tarihi	mjesto rođenja	doğum yeri
državljanstvo	vatandaşlık	poštanski broj	posta kodu
grad	şehir	prezime	soyadı
ime	ad, isim	spol	cinsiyet
lična karta	nüfus cüzdanı	ulica	cadde, sokak

KOLIKO JE SATI? - SAAT KAÇ?

Izvinite, imate li sat?	Affedersiniz saatiniz var mı?
Koliko je sati?	Saat kaç?
Da li vam je sat tačan?	Saatiniz doğru mu?

Dvadeset pet do devet.	Saat dokuza yirmi beş var.
Devet sati.	Saat dokuz.
Petnaest do jedanaest.	Saat on bire çeyrek var.
Dvanaest sati	Saat on iki.
Dvanaest i deset.	Saat on ikiyi on geçiyor.
Pola tri.	Saat iki buçuk.
U koliko sati?	Saat kaçta?
U šest popodne.	Öğleden sonra saat altıda.
Kroz pet minuta.	Beş dakika içinde.
Kroz pola sata.	Yarım saate kadar, yarım saat içinde.
Kroz sat vremena.	Bir saate kadar, bir saat içinde.

sat	saat	minuta	dakika
sekunda	saniye	stotinka	salise
pola	buçuk	četvrtina	çeyrek

NA CARINI – GÜMRÜKTE

Dobar dan. Mogu li da pogledam Vaš pasoš?	İyi günler. Pasaportunuza bakabilir miyim?
Naravno. Izvolite.	Tabii, buyurun.
Imate li važeću vizu za Tursku?	Türkiye için geçerli vizeniz var mı?
Da, imam ulaznu vizu.	Evet, giriş vizem var.
Da, imam tranzitnu vizu.	Evet, transit vizem var.
Žao mi je, ali Vaša ulazna viza je istekla.	Üzgünüm, giriş vizenizin süresi geçmiş.
Koji je razlog Vašeg dolaska?	Ziyaretinizin amacı ne?
Ovdje sam poslovno.	İş için buradayım.
Ovdje sam na odmoru.	Tatil için buradayım.
Samo sam u prolazu.	Sadece geçiyorum.
Koliko dugo ostajete u Turskoj?	Türkiye'de ne kadar kalacaksınız?
Nekoliko dana.	Birkaç gün.
Nedjelju dana.	Bir hafta.
Mjesec dana.	Bir ay.
Gdje su pasoši za djecu?	Çocukların pasaportları nerede?

Djeca su na ovom pasošu.	Çocuklar bu pasaporttalar.
Imate li nešto za carinu?	Gümrüğe tabi bir şeyiniz var mı?
Nemam ništa da prijavim.	Gümrüğe tabi eşyam yok.
Imam boks cigareta.	Bir karton sigaram var.
Imam flašu viskija.	Bir şişe viskim var.
Zar nemate ništa više?	Başka bir şey yok mu?
Da li je to kupljeno u bescarinskoj prodavnici?	Duty-free'den mi aldınız?
Da, na aerodromu.	Evet, havalimanından.
Nemate nikakve druge predmete - satove, nakit?	Başka bir şeyiniz yok mu - saat, mücevher?
Ne, samo stvari za ličnu upotrebu.	Hayır, yalnız şahsi eşyalarım var.
Da li je ovo sav Vaš prtljag?	Bagajınız bu kadar mı?
Molim Vas, otvorite kofer.	Bavullarınızı açınız, lütfen.
Da li uvozite neku robu?	Ticari amaçlı eşyanız var mı?
Koja vrsta robe podliježe carini?	Hangi mallar gümrüğe tabidir?
Trebat ćete da platite carinu za ovo.	Bunun için gümrük ödemeniz gerekiyor.
Da li moram da prijavim svoju kameru?	Fotoğraf makinemi beyan etmem gerekiyor mu?
Koliko novca nosite?	Yanınızda ne kadar para var?
Koju valutu?	Hangi para birimi?
Imam hiljadu dolara.	Bin dolarım var.
Imam hiljadu eura.	Bin eurom var.
Mogu li zatvoriti torbu?	Çantamı kapatabilir miyim?

carinarnica	gümrük dairesi	policajka	bayan polis
carinik	gümrük memuru	potvrda o vakcinaciji	aşı kağıdı
carinska deklaracija	gümrük beyannamesi	prtljag	bagaj
carinske odredbe	gümrük mevzuatı	putnik	yolcu
dokumenti	belgeler, evrak	radna dozvola	çalışma izni

identifikacijski dokument	kimlik kartı	torba	çanta
kofer	bavul	turistička viza	turist vizesi
oslobođeno carine	gümrüksüz	useljenička viza	göçmen vizesi
policajac	polis	uvozna carina	ithal gümrüğü

PUTOVANJE - YOLCULUK

Avion - Uçak

Gdje je aerodrom?	Havaalanı nerede?
Ide li neki autobus do aerodroma?	Havaalanına giden otobüs var mı?
Kada moram biti na aerodromu?	Havaalanında ne zaman olmam lazım?
Možete li mi reći gdje je šalter za prijavljivanje?	Check-in gişesi nerede acaba?
Mogu li ovdje da se prijavim za let za Istanbul?	İstanbul uçağı için burada check-in yapabilir miyim?
Gdje ću se čekirati za let za Antaliju?	Antalya uçağı için nerede check-in yapabilirim?
Rezervisao sam dva sjedišta na čarter letu za Ankaru.	Ankara'ya çarter uçuşu için iki yer ayırtmıştım.
Želim da promijenim rezervaciju karte.	Ayırttığım bilette değişiklik yapmak istiyorum.
Želim da otkažem rezervaciju karte.	Ayırttığım bileti iptal etmek istiyorum.
Molim Vas, Vašu kartu i pasoš.	Bilet ve pasaportunuz lütfen.
Stavite kofere na vagu.	Eşyalarınızı tartıya yerleştiriniz, lütfen.
Nemate višak prtljaga.	Fazla bagajınız yok.
Za svaki kilogram više plaća se 5 eura.	Fazla bagaj, her kilo için 5 euro ödeniyor.
Da li je svim putnicima dozvoljen maksimum 20 kg?	Her yolcu için tanınan serbest bagaj hakkı 20 kilo mudur?
Mogu li da ponesem ovu torbu kao ručni prtljag?	Bunu el bagajı olarak yanıma alabilir miyim?
Možete. Dat ću Vam naljepnicu.	Evet, alabilirsiniz. Bunun için size bir etiket vereceğim.

Izvolite Vašu bording kartu.	Buyurun, uçağa biniş kartınız.
Koji je broj mog leta?	Uçağımın uçuş numarası nedir?
Vaš let će biti prozvan za dvadesetak minuta.	Yirmi dakika içinde uçağa çağırılacaksınız.
Gdje je čekaonica?	Bekleme salonu nerede?
Gdje biste željeli da sjedite?	Nereye oturmak istersiniz?
U dijelu za nepušače.	Sigara içilmeyen kısımda.
Nemam rezervaciju? Ima li mjesta na ovom letu?	Rezervasyonum yok. Bu uçuşta yer bulabilir miyim acaba?
Za koju klasu želite kartu? Ekonomsku ili biznis?	Biletinizi hangi sınıftan istersiniz? Ekonomi mi business mi?
Kada poliježe avion?	Uçak saat kaçta kalkıyor?
Kada stiže avion?	Uçak saat kaçta iniyor?
Uprkos magli, avion će stići na vrijeme.	Sise rağmen uçak zamanında inecek.
Vaš let kasni.	Sizin uçuşunuz ertelendi.
Mogu li se u avionu kupiti pića oslobođena carine?	Uçakta gümrüksüz içki satışı var mı?
Naravno, ali imate mnogo bolji izbor u bescarinskoj prodavnici ovdje.	Tabii var, ama buradaki duty-free'de daha çok çeşit bulabilirsiniz.
Molimo ugasite cigarete i vežite pojaseve.	Lütfen sigaralarınızı söndürünüz ve kemerlerinizi bağlayınız.
Gdje je prtljag sa leta iz Sarajeva?	Saraybosna uçağının bagajları nerede?
Gdje mogu dobiti moj prtljag?	Bagajlarımı nereden alabilirim?
Ima li autobus do centra grada?	Şehir merkezine otobüs var mı?
Da. Ima aerodromski autobus koji polazi svaki sat.	Evet. Saat başı kalkan hava alanı otobüsleri var.
Koliko košta da uzmemo taksi do grada do Grand hotela?	Şehir merkezindeki Grand Otele kadarki taxi ücreti ne kadar?
Taksimetar se nalazi ispred vozača. Možete provjeriti cijenu.	Taksi şoförlerinin önünde taksimetreler vardır. Fiyatı kontrol edebilirsiniz.
Je li grad puno daleko od aerodroma?	Şehir havaalanından çok uzak mı?

Nije daleko. Pola sata taksijem.	Pek değil. Taksi ile yarım saat sürer.		
Gdje mogu zamijeniti nešto novca?	Nerede döviz bozdurabilirim?		
Imaju dvije banke blizu izlaza gdje možete promijeniti novac.	Çıkışın yanında döviz bozdurabileceğiniz iki banka var.		
Vozaču, molim Vas, odvezite me do Grand hotela.	Şoför bey, beni Grand Oteli'ne götürür müsünüz?		

aerodrom	hava alanı, hava limanı	odlasci	kalkışlar
aerodromski službenik	yer hostesi	odlazak	kalkış
avion	uçak	pilot	pilot
dolasci	varışlar	podizanje prtljaga	bagaj alma yeri
dolazak	varış	posada	mürettebat
izlaz	çıkış	putnik	yolcu
kapija za ukrcavanje	biniş kapısı	stjuard	kabin memuru
karta za ukrcavanje	biniş kartı	stjuardesa	hostes
obezbjeđenje	güvenlik	ulaz	giriş

Voz – Tren

Gdje se nalazi željeznička stanica?	Tren istasyonu nerede?
Željeli bismo dvije karte za Izmir.	İzmir'e iki bilet istiyoruz.
Povratne ili u jednom pravcu?	Gidiş dönüş mü ya da tek yön?
Prva ili druga klasa?	Birinci ya da ikinci sınıf?
Karta Vam važi tri mjeseca.	Biletiniz üç ay geçerli.
Gdje se nalazi vozni red?	Tren tarifesi nerede bulunmaktadır?
Kada polazi voz za Konju?	Konya treni ne zaman kalkıyor?
Da li je direktan voz ili moram da presjedam?	Direkt mi gidiyor yoksa aktarmalı mı?
Želio bih spavaća kola.	Yataklı vagon istiyorum.

Da li u vozu ima vagon za ručavanje?	Trende yemekli vagon var mı?
Kada voz stiže u Adanu?	Tren saat kaçta Adana'ya varıyor?
Za otprilike sat vremena.	Yaklaşık bir saat içinde.
Izvinite, možete li mi reći gdje je peron broj šest?	Afedersiniz, altı numaralı peron nerede acaba?
Da li će voz kasniti?	Tren saatinde rötar var mı?
Kasnit će 5 minuta.	5 dakikalık bir rötar var.
Gdje je garderoba?	Emanet odası nerede?
Gdje se nalaze kolica za prtljag?	Bagaj arabaları nerede?
Ovo je kupe za nepušače.	Bu sigara içilmeyen kopartımandır.
Da li biste zatvorili prozor? Hladno mi je.	Pencereyi kapatır mısınız lütfen? Üşüdüm.
Mogu li da pozajmim Vaše novine?	Gazetelerinizi alabilir miyim?
Da li je ovo sjedište slobodno?	Burası boş mu?
Ima li voz za Izmir?	İzmir'e gidecek tren var mı?
Žao mi je nisam siguran. Pitajte na informacijama.	Maalefes, emin değilim. Danışmaya sorun isterseniz.
Kada je prvi voz za Izmir?	İzmir'e ilk tren ne zaman?
Nema voza direktno za Izmir.	İzmir'e direkt giden bir tren yok.
Imaju li spavaća kola?	Yataklı vagon seçeneği var mı?
Nažalost, nemaju.	Ne yazık ki yok.
U redu, jednu kartu za Izmir.	Peki. İzmir'e bir bilet lütfen.
Izvinite, da li je ovo voz za Denizli?	Afedersiniz, bu Denizli treni mi?
Da li voz za Denizli kreće odavde?	Denizli treni buradan mı kalkar?
Da li se voz zaustavlja u Eskişehiru?	Tren Eskişehir'de durur mu?
Da, ali budite oprezni! Zadržava se samo oko 5 minuta.	Evet, fakat dikkat edin, orada sadece beş dakika durur.
Kada je sljedeći voz za Denizli?	Denizli'ye bir sonraki tren ne zaman?

Imate samo jednu opciju za Denizli. To je Pamukkale Express.	Denizli için sadece bir seçeneğiniz var. O da Pamukkale Ekspresi.
U redu, želim kupiti kartu za Pamukkale Express.	Peki. Pamukkale Ekspresi için bilet almak istiyorum.
Za koliko osoba?	Kaç kişilik?
Dvije povratne karte molim.	İki tane gidiş-dönüş bileti lütfen.
Sa kojeg perona polazi?	Hangi perondan kalkıyor?
Idite na treći peron molim.	Üçüncü platforma gidin lütfen.
Kada polazi?	Kaçta hareket eder?
U 6.00 sati.	Saat altıda.
Kada dolazi u Denizli?	Denizli'ye ne zaman varır?
U 8 sati, sutra ujutro.	Yarın, sabah saat sekizde.
Ima li bife u vozu?	Trende büfe var mı?
Ima restoran u drugom vagonu.	İkinci vagonda lokanta var.
Molim Vas, obavijestite me kad stignemo u Eskişehir.	Eskişehir'e gelince bana haber verir misiniz lütfen?

blagajna	bilet gişesi	putnički vagon	yolcu vagonu
brzi voz	ekspres tren	šine	ray
garderoba	gardırop	spavaća kola	yataklı vagon
karta	bilet	putnički voz	yolcu treni
kondukter	kondüktör	teretni voz	yük treni
kupe	kompartman	vagon	vagon
lokalni voz	banliyö treni	voz	tren
peron	peron	željeznica	demir yolu
povratna karta	gidiş-dönüş bileti	željeznička stanica	tren istasyonu

Autobus - Otobüs

Mogu li Vam pomoći?	Yardım edebilir miyim?
Izvinite, gdje se nalazi autobuska stanica?	Afedersiniz, otogar nerede?
Gdje je najbliža autobuska stanica?	En yakın otobüs durağı nerede?
Koliko košta povratna karta do Ankare?	Ankara'ya gidiş dönüş bileti ne kadar?
Koliko košta karta do Izmira?	İzmir bileti ne kadar?

Bosanski	Turski
Nažalost, autobus je pun.	Üzgünüm, otobüs dolu.
Nažalost, nema mjesta.	Maalesef, hiç yer yok.
Sve karte su rasprodate.	Bütün biletler satıldı.
Kada polazi sljedeći autobus?	Bir sonraki otobüs ne zaman kalkıyor?
Nema autobusa za Efes.	Efes'e kadar otobüs yok.
Da li Vam je to suviše kasno?	Sizin için çok mu geç?
Koliko traje pauza?	Mola ne kadar sürer?
Molim Vas, nemojte pušiti u autobusu!	Lütfen, otobüste sigara içmeyiniz.
Mogu li da ostavim prtljag ovdje preko noći?	Gece boyunca valizim emanet odasında kalabilir mi?
Treba mi sedmična karta.	Haftalık abonman almak istiyorum.
Treba mi mjesečna karta.	Aylık abonman almak istiyorum.
Gdje je najbliža stanica metroa?	En yakın metro durağı nerede?
Kojim autobusom mogu da stignem do plaže?	Plaja gitmek için kaç numara otobüse binmem lazım?
Koliko često idu autobusi do centra grada?	Şehir merkezine kaç dakika arayla otobüs kalkıyor?
Evo našeg autobusa. Hajde da uđemo.	İşte bizim otobüsümüz. Haydi binelim!
Koliko ima stanica do Taksima?	Taksim'e kadar kaç durak var?
Hoćete li mi reći gdje treba da izađem?	Nerede ineceğimi söyler misiniz lütfen?
Molim Vas, recite mi kada da izađem!	Lütfen ne zaman ineceğimi söyler misiniz?
Kada je prvi autobus za Ortaköy?	Ortaköy'e ilk otobüs ne zaman?
Kada je zadnji autobus za Kadıköy?	Kadıköy'e son otobüs ne zaman?
Ima li autobus do Sultan Ahmeta?	Sultan Ahmet'e giden otobüs var mı?
Ima li autobus do Bosfora?	İstanbul Boğazın'a giden otobüs var mı?
Odakle polazi autobus za Yeşilkoy?	Yeşilköy otobüsü nereden kalkar?
Gdje mogu kupiti karte? Mogu li u autobusu?	Biletleri nereden alabilirim? Otobüsten mi?

Koliko često idu autobusi do Hisara?	Hisar'a hangi sıklıkta otobüs kalkar?
Svakih pola sata.	Her yarım saate bir.
Pretpostavljam da sam propustio moju stanicu.	Sanırım ineceğim durağı kaçırdım.
Molim vas, možete li stati na sljedećoj stanici?	İlerdeki durakta durur musunuz, lütfen?
Molim Vas! Želim da izađem.	Lütfen! İnmek istiyorum.
Želim da izađem u centru.	Merkezde inmek istiyorum.
Ovo je moja stanica.	Bu benim durağım.

autobus	otobüs	linijski taksi	dolmuş
centar	merkez	metro	metro
dvospratni autobus	çift katlı otobüs	tramvaj	tramvay
kombi	minibüs		

Brod - Gemi

Gdje se ukrcava na brod?	Gemiye nereden biniliyor?
Koliko dugo će trajati put?	Yolculuk ne kadar sürer?
U kojim lukama pristajemo?	Hangi limanlara yanaşıyoruz?
Želio bih da idem na krstarenje.	Mavi tur'a gitmek istiyorum.
Da li je more mirno?	Deniz sakin mi?
Da li je more uzburkano?	Deniz dalgalı mı?
Ne volim da putujem brodom po lošem vremenu.	Ben kötü havada gemiyle yolculuk etmeyi sevmiyorum.
Ako imate morsku bolest trebalo bi da popijete tablete prije putovanja.	Deniz tutuyorsa, yola çıkmadan önce ilaç içmelisiniz.
Kada stižemo u luku?	Limana ne zaman geliyoruz?
Brod je pristao.	Gemi demir attı.
Trebalo bi da se pripremimo za iskrcavanje.	İnmeğe hazırlanmalıyız.
Ja ću se pobrinuti za prtljag.	Ben eşyalara bakarım.

brod	gemi	mornar	denizci

feribot	feribot	paluba	güverte
kapetan	kaptan	parobrod	vapur
krstarenje	mavi tur	posada	mürettebat
luka	liman	prekookeanski brod	transatlantik gemi
more	deniz	pristanište	iskele

Taksi - Taksi

Izvinite, gdje mogu da nađem taksi?	Afedersiniz, taksi nerede bulunur?
Možete li mi pozvati taksi?	Bana bir taksi çağırır mısınız?
Gdje mogu uzeti taksi?	Taksi nerede bulabilirim?
Možete pozvati jedan na ulici.	Caddeden bir tane çevirebilirsiniz.
Kuda želite da idete?	Nereye gitmek istiyorsunuz?
Idem na ovu adresu.	Bu adrese gidiyorum.
Idem na aerodrom.	Havaalanına gidiyorum.
Idem do autobuske stanice.	Otogara gidiyorum.
Odvezite me do željezničke stanice.	Beni tren istasyonuna götürür müsünüz?
Da li znate neki jeftin hotel?	Ucuz bir otel biliyor musunuz?
Imate li prtljag?	Eşyalarınız var mı?
Da, možete li mi pomoći? Vrlo je težak.	Evet, yardım eder misiniz lütfen? Çok ağır.
Ja ću Vam ponijeti kofer.	Bavulunuzu alayım.
Koliko košta vožnja do centra grada?	Şehir merkezine taksi ücreti ne kadar?
Da li naplaćujete posebnu cijenu za dužu vožnju?	Uzun yolculuklar için ayrı ücretiniz var mı?
Možete li da vozite malo sporije?	Daha yavaş gidebilir misiniz?
Molim vas, stanite ovdje!	Lütfen burada durunuz!
Možete li da me sačekate?	Lütfen beni bekler misiniz?
Molim Vas, odvezite me na ovu adresu!	Lütfen beni şu adrese götürün.
Bojim se da je saobraćajna gužva na ovom pravcu.	Korkarım o istikamette yoğun bir trafik var.
Je li ova adresa daleko odavde?	O adres buraya uzak mı?

Da, najmanje 30 kilometara.	Evet, en az otuz kilometre.
U žurbi sam. Budite brzi, molim Vas!	Acelem var. Biraz çabuk olur musunuz lütfen!
Šta mogu? Saobraćajna je gužva.	Ne yapabilirim? Trafik sıkışık.
Odvezite me do najbliže stanice metroa!	Beni en yakın metro istasyonunda bırakır mısınız!
Da li imate sitne novčanice?	Bozuk paranız var mı?
Bojim se da nemam ništa sitnije.	Maalesef daha küçük bozuk param yok.
taksimetar	taksimetre
vozač taksija	taksi şoförü

Putovanje automobilom - Arabayla yolculuk

Kuda vodi ova ulica?	Bu cadde nereye gider?
Da li je ovaj put dobar?	Bu yol iyi mi?
Ima li negdje u blizini autoput?	Yakınlarda otoban var mı?
Kako da dođem na autoput?	Otobana nasıl çıkabilirim?
Možete li mi pokazati put na karti?	Yolu harita üzerinde gösterebilir misiniz?
Kada dođete do semafora, skrenite lijevo.	Trafik ışıklarına gelince sola dönün.
Kod prvih semafora?	İlk ışıklarda mı?
Da. I onda idite pravo oko dva kilometra.	Evet. Sonra yaklaşık iki kilometre daha ilerleyin.
Onda upitajte nekoga za izlaz na autoput.	Sonra otobana çıkan yolu birilerine sorun.
Da li je ovo put za Sarajevo?	Saraybosna'ya gitmek için doğru yolda mıyım?
Kako mogu da stignem do ove adrese?	Bu adrese nasıl gidebilirim?
Mogu li da uđem kolima u centar grada?	Arabayla şehir merkezine girebilir miyim?
Možete li da mi pokažete na karti gdje se nalazim?	Haritada nerede olduğumu gösterebilir misiniz?
Nalazite se na pogrešnom putu.	Yanlış yoldasınız.

Idite pravo.	Düz gidin.
Idite putem za Mostar.	Mostar yolundan gidiniz.
Morate se vratiti do Tuzle.	Tuzla'ya geri dönmeniz gerekiyor.
Idite do prve raskrsnice.	Birinci kavşağa gidiniz.
Skrenite lijevo na sljedećem uglu.	İleriki köşede sola dönün.
Ima li negdje parking u blizini?	Yakınlarda otopark var mı?
Gdje mogu da se parkiram?	Nereye park edebilirim?
Mogu li parkirati ovdje?	Buraya park edebilir miyim?
Da li trebamo kartu za parkiranje?	Otopark için bilet gerekli mi?
Koliko dugo možemo parkirati?	Ne kadar uzun süre park edebilirim?
Samo pola sata.	Sadece yarım saat.
Nema vremenskog ograničenja.	Kalış süresi sınırlı değildir.
Idemo na Uludağ. Koji je najkraći put?	Biz Uludağ'a gidiyoruz. En kestirme yol hangisidir?
Da li će biti gužve na autoputu?	Otoyolda trafik yoğun olur mu?
Da li trebamo lance?	Lastik zinciri gerekli mi?

kamion	kamyon	raskrsnica	kavşak
krivina	viraj	traka	şerit
pravac	yön	trotoar	kaldırım

HOTEL – OTEL

Rezervacija - Rezervasyon

Želio bih da rezervišem sobu za sljedeću nedjelju.	Önümüzdeki hafta için bir oda ayırtmak istiyorum.
Mogu li da dobijem Vaše ime i adresu?	Adınızı ve adresinizi alabilir miyim?
Žao mi je, ali sve je rezervisano do kraja mjeseca.	Maalesef, ay sonuna kadar doluyuz.

Dolazak - Varış

Rezervisao sam sobu.	Ben bir oda için rezervasyon yaptırdım.

Imate li slobodnu sobu?	Boş odanız var mı?
Da li imate sobu za večeras?	Bu gece için boş odanız var mı?
Da li ste rezervisali?	Rezervasyonunuz var mıydı?
Mislim da je sve popunjeno, ali ću provjeriti.	Zannederim doluyuz, ama bir bakalım.
Trebam jednokrevetnu sobu.	Tek kişilik bir oda istiyorum.
Žao mi je, nemamo slobodnih jednokrevetnih soba.	Üzgünüm, ama tek kişilik boş oda kalmadı.
Trebam dvokrevetnu sobu.	Çift kişilik bir oda istiyorum.
Jedna soba sa bračnim krevetom i jedna dvokrevetna soba.	Bir çift kişilik yataklı oda bir de iki yataklı oda istiyorum.
Dvoje odraslih i dvoje djece.	İki yetişkin ve iki çocuk.
Htio bih sobu s kupatilom.	Banyolu bir oda istiyorum.
Htjela bih sobu s tušem.	Duşlu bir oda istiyorum.
Želim sobu koja gleda na ulicu.	Caddeye bakan bir oda istiyorum.
Želim sobu sa balkonom.	Balkonlu bir oda istiyorum.
Želim sobu sa klima uređajem.	Klimalı bir oda istiyorum.
Želim sobu sa televizorom.	Televizyonlu bir oda istiyorum.
Na prvom spratu.	Birinci katta.
Ima li ovdje garaža?	Burada bir garaj var mı?
Ima li ovdje sef?	Burada bir kasa var mı?
Ima li ovdje faks?	Burada bir faks var mı?
Koliko košta soba za jednu noć?	Odanın gecelik ücreti nedir?
Dnevno 50 eura.	Günlük ücret elli euro.
Koja je cijena za noćenje sa doručkom?	Otelde geceleme ve sabah kahvaltısı ne kadar?
Noćenje sa doručkom je 45 eura.	Bir geceleme ve kahvaltı 45 euro.
Koja je cijena punog pansiona?	Tam pansiyon ne kadar?
Koja je cijena polupansiona?	Yarım pansiyon ne kadar?
Da li djeca imaju popust?	Çocuklar için indirim var mı?
To je preskupo. Zar ne možete da snizite cijenu?	Çok pahalı. İndirim yapamaz mısınız?
Koliko dugo ćete ostati?	Ne kadar kalacaksınız?
Samo jednu noć.	Yalnız bir gece kalacağım.

Ostajem nedjelju dana.	Bir hafta kalacağım.
Koja je cijena za jednu noć?	Bir gecelik fiyatı ne kadar?
Koja je cijena za sedam dana?	Bir haftalık fiyatı ne kadar?
Mogu li vidjeti sobu?	Odayı görebilir miyim?
Dobro, uzet ću sobu.	İyi, odayı tutuyorum.
Dobro, uzet ću je.	Tamam, alıyorum.
Mislim da je premala. Imate li drugu sobu?	Sanırım bu çok küçük. Başka odanız var mı?
Molim, dajte mi ključ!	Bana anahtar verir misiniz lütfen!
Ovdje su ključevi.	Anahtarlar burada.
Izvolite Vaš ključ.	Buyurun, anahtarınız.
Ovdje je moj prtljag.	Eşyalarım burada.
Odnesite moj prtljag u sobu.	Eyşalarımı odaya götürür müsünüz?
Poslat ću portira da ponese Vaš prtljag i odvede Vas do sobe.	Eşyalarınızı götürmek ve odanızı göstermek üzere bir komi yolluyorum.
Imate li lift?	Asansörünüz var mı?
U koliko sati je doručak?	Kahvaltı saat kaçta?
U koliko sati je ručak?	Öğle yemeği saat kaçta?
U koliko sati je večera?	Akşam yemeği saat kaçta?
Izvolite pasoš i vaučer.	Pasaportunuz ve fişiniz.
Da li biste mogli da popunite ovo, molim vas?	Bunu doldurur musunuz lütfen?
Molim Vas, potpišite ovdje!	Burayı imzalar mısınız lütfen!
Molim Vas, upišite se u hotelsku knjigu!	Lütfen deftere imza atar mısınız!
Da li mogu da dobijem mapu, molim vas?	Haritayı alabilir miyim lütfen?
Mogu li da dobijem plan grada?	Şehir planınız var mı?
	Hotelske usluge - Otel servisi
Gdje se nalazi teretana?	Spor salonu nerede bulunuyor?
Gdje se nalazi spa centar?	Spa merkezi nerede?
Gdje se služi doručak?	Kahvaltıyı nerede yapabilirim?

Gdje se služi ručak?	Öğle yemeğimi nerede yiyebilirim?
Gdje se služi večera?	Akşam yemeğimi nerede yiyebilirim?
Do koliko sati služite doručak?	Kahvaltı saat kaçta bitiyor?
Koji je broj „rum servisa"?	Oda servisinin numarası kaç?
Mogu li doručkovati u sobi?	Odamda kahvaltı yapabilir miyim?
Halo, ovde soba 115. Željeli bismo da poručimo doručak.	Alo, burası 115 numaralı oda. Bize kahvaltı getirir misiniz, lütfen?
Mogu li da naručim buđenje, sutra?	Uyandırma servisiniz var mı?
Mogu li da produžim boravak do petka?	Kalma süremi cumaya kadar uzatabilir miyim?
Da li možemo da dobijemo još jedan pokrivač?	Bize bir battaniye daha getirir misiniz?
Da li možemo da dobijemo još jedan jastuk?	Bize bir yastık daha getirir misiniz?
Da li možemo da dobijemo još jedan peškir?	Bize bir havlu daha getirir misiniz?
Da li možemo da dobijemo sapun?	Bize bir sabun getirir misiniz?
Da li možemo da dobijemo toalet papir?	Bize bir tuvalet kağıdı getirir misiniz?
Da li me je neko tražio?	Beni kimse aradı mı?
Molim Vas da dođete i preuzmete odjeću za pranje.	Lütfen giyeceklerimi yıkanması için gelip alır mısınız?

Pritužbe - Şikayetler

Dobar dan. Zovem iz sobe 115.	İyi günler. 115 numaralı odadan arıyorum.
Tuš ne radi.	Duş arızalı.
Nema tople vode.	Sıcak su akmıyor.
Nema tople vode.	Sıcak su yok.
Možete li to dati na popravku?	Bunu tamir ettirebilir misiniz?
Nema telefona u sobi.	Odada telefon yok.

Nema televizora u sobi.	Odada televizyon yok.
Soba nema terasu.	Odanın balkonu yok.
Soba je prebučna.	Odadan fazla gürültü duyuluyor.
Soba je premala.	Oda fazla küçük.
Soba je pretamna.	Oda fazla karanlık.
Soba je previše hladna.	Odam çok soğuk.
Da li možete, molim vas, da pošaljete nekog da to popravi?	Bunu tamir edecek bir kişiyi gönderir misiniz lütfen?
Da li možemo da dobijemo bolju sobu?	Daha güzel bir odayı alabilir miyiz?
Sef ne radi.	Kasa bozuk.
Svjetlo ne radi.	Işık yanmıyor.
Sijalica je pregorjela.	Ampul patlamış.
TV ne radi.	TV çalışmıyor.
Ključ ne radi.	Anahtar çalışmıyor.
Grijanje ne radi.	Kalorifer çalışmıyor.
Klima-uređaj ne radi.	Klima çalışmıyor.
Televizor je pokvaren.	Televizyon bozuk.
Prozor se zaglavio.	Pencere açılmıyor.
Lavabo se zapušio.	Lavabo tıkalı.
Slavina kaplje.	Musluk damlıyor.
To mi se ne sviđa.	Bu hoşuma gitmiyor.
To mi je preskupo.	Bu benim için fazla pahalı.
Imate li nešto jeftinije?	Daha ucuz bir şeyiniz var mı?
Usluga je loša.	Servis çok kötü.

Odjava - Ayrılma

Molim Vas da mi pripremite račun jer odlazim sutra ujutro.	Yarın sabah ayrılıyorum. Lütfen hesabımı hazırlar mısınız?
Kada moram da napustim sobu?	Odamı saat kaçta boşaltmalıyım?
Gosti moraju da napuste sobe do dvanaest na dan odlaska.	Müşterilerimiz ayrılış günü saat on ikiye kadar odayı boşaltmak zorundalar.
Dobro jutro. Želio bih da se odjavim.	Günaydın. Otelden çıkış yapmak istiyorum.

Da li možete da pošaljete nekog po torbe?	Eşyalarımızı aşağı indirtir misiniz lütfen?
Uzeli smo flašu piva iz mini bara.	Mini bardan bir şişe bira aldık.
Da li mogu da dobijem račun, molim Vas?	Hesabım ne kadar eder?
Čini mi se da ima greška u računu.	Sanırım hesapta bir yanlışlık var.
Plaćam gotovinom.	Peşin ile ödüyorum.
Plaćam karticom.	Kart ile ödüyorum.
Ovo je za Vas.	Bu sizin içindir.
Da li možete da pozovete taksi, molim Vas?	Bir taksi çağırır mısınız lütfen?
Hvala. Zaista nam je bio prijatan boravak.	Teşekkür ederiz. Bu otelde kalmaktan çok memnun olduk.

apartman	suit	portir	otel kapıcısı
brava	kilit	potpis	imza
buka	gürültü	prekidač	elektrik düğmesi
čaša	bardak	pun pansion	tam pansiyon
deka	battaniye	recepcija	resepsiyon
direktor	müdür	recepcioner	resepsiyoncu
hotel	otel	restoran	lokanta
jastuk	yastık	roletna	panjur
krevetac	bebek yatağı	sa pogledom	manzaralı
kuhar	aşçı	sa terasom	balkonlu
kupatilo	banyo	šef sale	salon şefi
lampa	lamba	soba	oda
lift	asansör	sobarica	oda hizmetçişi
noćni stolić	komodin	sto	masa
nosač	hamal	stolica	sandalye
ogledalo	ayna	švedski sto	açık büfe
ormar	dolap	tepih	halı
otvoreno 24 sata	24 saat açık	usluga u sobi	oda servisi
pegla	ütü	utičnica	priz
pepeljara	kül tablası	utikač	fiş
peškir	havlu	vrata	kapı
polupansion	yarım pansiyon	vratar	kapıcı

PRAONICA RUBLJA - ÇAMAŞIR YIKAMA

Da li imate servis za hemijsko čišćenje?	Kuru temizleme hizmetiniz var mı?
Nažalost nemamo.	Ne yazık ki yok.
Gdje je najbliža praonica?	En yakın çamaşırhane nerede?
Jedna je vrlo blizu nas.	Bir tanesi bize çok yakın.
Da li mogu dati svoj veš da se opere ovdje?	Çamaşırlarımı burada yıkatabilir miyim?
Nažalost, ne možemo mi to uraditi. Ali, možete to sami.	Üzgünüm, biz yıkamıyoruz. Fakat kendiniz yapabilirsiniz.
Kakve kovanice trebam?	Ne tür bozuk para gerekli?
Molimo, kupite žetone na kasi!	Lütfen kasadan jeton satın alın.
Možete li mi ispeglati ovo?	Bunları ütüler misiniz?
Žao mi je gospođo, ovo je samouslužna praonica rublja.	Üzgünüm hanımefendi, burası self-servis bir çamaşırhanedir.

deterdžent	deterjan	mašina za pranje veša	çamaşır makinesi
hemijsko čišćenje	kuru temizleme	praonica	çamaşırhane

BANKA, MJENJAČNICA – BANKA, DÖVİZ BÜROSU

Izvinite, gdje se nalazi najbliža banka?	Afedersiniz en yakın banka nerede?
Izvinite, gdje se nalazi najbliža mjenjačnica?	Afedersiniz en yakın döviz bürosu nerede?
Gdje mogu promijeniti novac?	Nerede döviz bozdurabilirim?
Imate mjenjačnicu pored knjižare.	Kitapçının yanında bir döviz bürosu var.
Kada se banka otvara?	Banka saat kaçta açılır?
Kada se banka zatvara?	Banka saat kaçta kapanır?
Želim da promijenim dolare.	Dolar bozdurmak istiyorum.
Molim Vas, idite na šalter za zamjenu!	Lütfen döviz bozdurma gişesine gidin.

Imate li isprave?	Kimlik belgeniz var mı?
Da, imam pasoš.	Evet, pasaportum var.
Koji je kurs dolara?	Doların kuru nedir?
Trenutni kurs je na oglasnoj tabli.	Bügünkü kur ilan tahtasında yazılı.
Koliko novca biste željeli da promijenite?	Ne kadar para bozdurmak istiyorsunuz?
Molim vas, dajte mi nekoliko novčanica i nešto sitnine.	Kağıt parayla birlikte biraz da bozuk para verir misiniz lütfen?
Izgubio sam kreditnu karticu.	Kredi kartımı kaybettim.
Na žalost, Vaša kreditna kartica više ne važi.	Maalesef, kredi kartınız artık geçerli değil.
Želim da otvorim račun.	Bir hesap açtırmak istiyorum.
Želim da podignem 500 eura sa svoga računa.	Hesabımdan 500 euro çekmek istiyorum.
Želim da uložim izvjesnu sumu novca na moj račun.	Hesabıma bir miktar para yatırmak istiyorum.
Želio bih da prebacim novac na račun prodavca.	Satıcının hesabına para havale etmek istiyorum.
Postoji li ovdje bankomat?	Burada bir ATM makinesi var mı?
Koliko se novca može podići?	Ne kadar para çekilebilir?
Koje se kreditne kartice mogu koristiti?	Hangi kredi kartları kullanılabilir?
Izvinite. Bankomat je progutao moju karticu.	Özür dilerim. ATM makinesi kredi kartımı yuttu.
Evo Vaše kartice, gospodine!	İşte kredi kartınız beyefendi.
Mogu li koristiti karticu sa ovim bankomatom ponovo?	Kartımı aynı makinede yeniden deneyebilir miyim?
Naravno. Probajte još jednom.	Elbette. Bir kere daha deneyin.

banka	banka	slip/potvrda	para çekme makbuzu
bankomat	bankamatik, ATM	novčanica	kağıt para
čvrsta valuta	efektiv banknot	obrazac	form
dolar	dolar	plaćanje	ödeme
euro	avro	potpis	imza

franak	frank	zvanični dokument	resmi belge
funta	sterlin	račun	hesap
gotovina	nakit	rata	taksit
iznos	miktar	šalter	gişe
kamata	faiz	strana valuta	döviz
kamatna stopa	faiz oranı	tekući račun	cari hesap
kovani novac	bozuk para	turska lira	Türk lirası
kreditna kartica	kredi kartı	ukupno	toplam
kursna lista	döviz kurları	uplatnica	makbuz
na rate	taksitle	žirant	kefil

POŠTA - POSTANE

Gdje je najbliža pošta?	En yakın postane nerede?
Želim da kupim marke i da pošaljem pisma.	Posta pulu almak ve mektuplarımı göndermek istiyorum.
Potrebna mi je marka za pismo.	Mektup için posta pulu lütfen.
Potrebna mi je marka za razglednicu.	Kartpostal için posta pulu lütfen.
Želio bih da pošaljem ovo pismo običnom poštom.	Bu mektubu normal postayla göndermek istiyorum.
Želio bih da pošaljem ovo pismo preporučeno.	Bu mektubu taahhütlü göndermek istiyorum.
Želio bih da pošaljem ovo pismo avionom.	Bu mektubu uçakla göndermek istiyorum.
Gdje je poštansko sanduče?	Posta kutusu nerede?
Želim da pošaljem ovaj paket u inostranstvo.	Bu paketi yurt dışına göndermek istiyorum.
Da li moram da popunim carinsku deklaraciju?	Gümrük beyannamesi doldurmak zorunda mıyım?
Morate navesti sadržaj paketa.	Paketinin içeriğini belirtmek zorundasınız.
Gdje se nalazi telefonska govornica?	Telefon kabini nerede?
Koliko je koštao razgovor?	Konuşma ücretim ne kadar?
Telefon je u kvaru.	Telefon arızalı.

koverta	zarf	poštanska marka	posta pulu
lokalni razgovor	şehiriçi görüşme	poštanski broj	posta kodu
međugradski razgovor	yurt içi görüşme	poštanski žig	posta damgası
međunarodni razgovor	yurtdışı telefon görüşmesi	poštar	postacı
obavještenja	danışma	pouzećem	mal mukabili
paket	paket	primalac	alıcı
pismo	mektup	priznanica	makbuz
poklon	hediye	razglednica	kartpostal
pošiljalac	gönderen	težina u gramima	gramaj

BROJEVI HITNIH SLUŽBI - ACİL TELEFONLAR

Policija	122	Polis İmdat	155
Hitna služba	124	Acil Yardım	112
Vatrogasci	123	Yangın İmdat	110
Informacije o saobraćaju	1282	Alo Trafik	154
Obalna straža		Sahil Güvenlik	158
Turističke informacije		Turizm Bilgi	170
Pogrebne usluge		Cenaze Hizmetleri	188

IZNAJMLJIVANJE AUTA - ARABA KİRALAMA

Želim da iznajmim auto.	Bir araba kiralamak istiyorum.
Kakav auto želite?	Nasıl bir araba istersiniz?
Želim mali auto.	Küçük araba istiyorum.
Želim auto sa automatskim mjenjačem.	Otomatik vitesli araba istiyorum.
Potrebna su mi na jedan dan.	Bir günlüğe kiralamak istiyorum.
Potrebna su mi na nedelju dana.	Bir haftalığa kiralamak istiyorum.
Želim da iznajmim auto na 5 dana.	Beş günlüğüne bir araba kiralamak istiyorum.

Koliko košta za dan?	Günlük ücreti ne kadar?
Koliko košta za nedelju dana?	Haftalık ücreti ne kadar?
Koliko košta ovaj auto po danu?	Bu arabanın günlüğü ne kadar?
Koliki je depozit?	Depoziti ne kadar?
Dnevno 25$ i nije potreban depozit.	Günlük 25$ ve depozit gerekmiyor.
Trebam li vratiti auto ovdje? U koje vrijeme?	Arabayı buraya mı getireceğim? En geç ne zaman?
Možete auto ostaviti u hotelu, mi ćemo doći i preuzeti.	Eğer arabayı otelinize getirirseniz biz sizi orada karşılarız.
Takođe možete vratiti auto u naš ured ovdje.	Arabayı bu ofisimize de getirebilirsiniz.
Želim ga ostaviti u Antaliji. Je li to moguće?	Ben onu Antalya'da bırakmak istiyorum. Mümkün mü?
Mogu li da iznajmim auto ovdje, a ostavim ga u Bursi?	Arabayı buradan alıp Bursa'da bırakabilir miyim?
Da, naravno, možete ga vratiti u drugu garažu.	Tabii, başka garaja bırakabilirsiniz.
Postoje li neki propisi o parkiranju ili ograničenju brzine?	Park etme ve hız sınırlamalarını ilgilendiren kurallar var mıdır?
Koliko se plaća unaprijed?	Peşin ne kadar ödemeliyim?
Evo moje međunarodne vozačke dozvole.	Uluslararası sürücü ehliyetimi buyurunu.

osiguranje	sigorta	vozačka dozvola	sürücü ehliyeti

NA BENZINSKOJ PUMPI - BENZİN İSTASYONUNDA

Izvinite, gdje je najbliža benzinska pumpa?	Afedersiniz, en yakın benzin istasyonu nerede?
Molim Vas, 40 litara benzina.	40 litre benzin doldurur musunuz?
Pun rezervoar, molim.	Depoyu doldurun, lütfen.
Napunite ga do vrha, molim vas!	Depoyu fulleyin, lütfen.
Molim Vas da provjerite nivo ulja.	Lütfen, yağ seviyesini de kontrol edin.

Molim Vas da provjerite nivo vode.	Su seviyesine de bakar mısınız?
Možete li da provjerite pritisak u gumama?	Lastikleri de kontrol edebilir misiniz?
Da li biste mi izbrisali šoferšajbnu?	Ön camı temizler misiniz, lütfen?
Možete li da mi zamijenite ulje?	Yağı değiştirir misiniz, lütfen?
Gdje ću platiti?	Ödemeyi nerede yapacağım?
Idite do blagajne na desnoj strani.	Sağdaki gişeye gidin.
Da li primate ovu kreditnu karticu?	Bu kredi kartını kabul ediyor musunuz?
Imate li auto-kartu ove oblasti?	Sizde bu bölgenin haritası var mı?

akumulator	akü	pritisak	basınç
benzinska pumpa	petrol istasyonu	pumpa	pompa
bezolovni	kurşunsuz	rezervoar	depo
dizel	dizel	super	süper
guma	dış lastik	ulje	yağ
hladnjak	soğutucu	zrak	hava

SAOBRAĆAJ - TRAFİK

Saobraćajne nesreće - Trafik kazaları

Dogodila se nesreća.	Bir trafik kazası oldu!
Molim vas, pozovite policiju!	Lütfen polisi çağırınız!
Ima povrijeđenih.	Yaralı var.
Nema povrijeđenih.	Yaralı yok.
Pozovite odmah hitnu pomoć!	Acele bir ambülans çağırın!
Imate li pribor za prvu pomoć?	İlk yardım çantanız var mı?
Dogodio se sudar.	Çarpışma oldu.
Sudar nije veliki.	Hafif bir çarpışmadır.
Ja sam imao pravo prvenstva.	İlk geçiş hakkı benimdi.
Ulubili ste mi zadnju stranu auta.	Arabamın arkasını çökerttiniz.
Ogrebali ste mi auto.	Arabamı çizdiniz.
Udarili ste mi zadnje svetlo.	Arka lambamı kırdınız.
Niste uključili žmigavac da skrećete lijevo (desno).	Sol (sağ) sinyali vermediniz.

Izvolite moju vozačku dozvolu.	Sürücü belgemi buyurun.
Evo moje polise osiguranja.	Sigorta poliçemi buyurun.
Koje je Vaše osiguravajuće društvo?	Hangi sigorta şirketine bağlısınız?
Koji je broj Vaše registarske tablice?	Arabanızın plakası ne?
Kako se zovete i koja Vam je adresa?	Adınız ve adresiniz ne?
Potrebna su nam imena i adrese svjedoka.	Bize tanıkların isimleri ve adresleri lazım.

Saobraćajni prekršaji - Trafik kurallarının ihlali

Vašu dozvolu, molim.	Sürücü belgenizi lütfen.
Morate da stavite pojas.	Emniyet kemerinizi takmalısınız.
Napravili ste saobraćajni prekršaj.	Trafik kurallarını ihlal ettiniz.
Niste stali na crveno svjetlo.	Kırmızı ışıkta durmadınız.
Zamalo da izazovete veliku nesreću.	Az kalsın müthiş bir kazaya sebep oluyordunuz.
Prošli ste kroz crveno svjetlo i prekoračili ograničenje brzine.	Kırmızı ışıkta geçtiniz ve hız limitini aştınız.
Ne smijete voziti preko 50.	50 km/h hız sınırını geçmemelisiniz.
Vozili ste 60 u zoni gdje je ograničenje brzine 40.	Burada azami hız sınırı saatte 40 kilometre, oysa siz saatte 60 kilometre gidiyordunuz.
Žao mi je, ali sam žurio jer kasnim zbog gužve u saobraćaju.	Özür dilerim. Hızlı sürüyürdüm çünkü trafik sıkışıklığı yüzünden geç kaldım.
Nisam znao da ima ograničenje brzine.	Hız limiti olduğunu bilmiyordum.
Ne smijete preticati na ovom putu.	Bu yolda sollama yasak.
Ovdje nije dozvoljeno skretanje ulijevo.	Burada sola dönüş yok.

Niste poštovali ograničenje brzine.	Hız limitine uymadınız.
Ne smijete parkirati ovdje.	Burada park etmek yasak.
Niste stali na pješačkom prelazu.	Yaya geçidinde durmadınız.
Morat ćete da platite kaznu.	Ceza ödemeniz gerekiyor.
Kolika je kazna?	Ceza ne kadar?
Platit ćete 100 lira zbog prekoračenja brzine.	Aşırı hız yaptığınız için 100 lira ödeyeceksiniz.
Molim Vas obratite pažnju na saobraćajne znakove.	Lütfen trafik işaretlerine dikkat ediniz.

autoput	otoban	raskrsnica	kavşak
brzina (prva, druga)	vites (birinci, ikinci)	rikverc	geri vites
jednosmjerna ulica	tek yönlü cadde	saobraćajac	trafik memuru
kružni tok	dönel kavşak	semafor	trafik ışıkları
mijenjati brzinu	vites değiştirmek	traka za brzu vožnju	sürat şeridi
ograničenje brzine	hız sınırı	traka za sporu vožnju	sağ şerit
vijadukt	viyadük	usporiti	yavaşlamak
pješak	yaya	vozač	sürücü
podzemni prolaz	alt geçit	vozilo	araba
put zatvoren	yol kapalı	zabranjeno parkiranje	park yapılamaz

Saobraćajni znaci - Trafik işaretleri

jednosmjerna ulica	tek yön	stop	dur
obilazni put	dolaşık yol	zabranjeno polukružno okretanje	U dönüşü yapılamaz
parking	park yeri	zabranjeno za sva vozila	araçlara yasak

POPRAVKA AUTA - ARABA TAMİRİ

Gdje je najbliža radionica za popravke?	En yakın tamirci/ tamir servisi nerede?

Bosanski	Turski
Koji je broj telefona najbliže radionice?	En yakın tamircinin telefonunu alabilir miyim?
Možete li mi poslati mehaničara?	Bir tamirci gönderebilir misiniz?
Šta je problem?	Problem nedir?
Auto mi se pokvario.	Arabam arıza yaptı.
Možete li da mi odšlepate auto?	Arabamı çekebilir misiniz?
Gdje Vam je auto?	Arabanız nerede?
Motor neće da upali.	Motoru çalıştıramıyorum.
Nema problema sa Vašim autom. Nestalo Vam je benzina.	Arabanızda problem yok. Benzininiz bitmiş.
Motor se pregrijeva.	Motor çabuk ısınıyor.
Akumulator mi je neispravan.	Akü arızalı.
Pukla mi je guma.	Lastik patladı.
Možete li da mi zakrpite gumu?	Lastiği tamir edebilir misiniz?
Auto mi je u veoma lošem stanju.	Arabamın durumu kötü.
Želim da mi servisirate auto.	Arabamı servisinizde baktırmak istiyorum.
Nešto nije u redu sa hladnjakom.	Arabamın soğutucusu arızalı.
Nešto nije u redu sa kvačilom.	Arabamın debriyajı arızalı.
Nešto nije u redu sa mjenjačem.	Arabamın şanzımanı arızalı.
Nešto nije u redu sa kočnicom.	Arabamın freni arızalı.
Možete li da očistite svjećice?	Bujileri temizler misiniz?
Možete li da zamijenite točak?	Tekerleği değiştirir misiniz?
Možete li da podesite paljenje?	Karbüratörün ayarını yapar mısınız?
Rezervoar curi.	Depom benzin sızdırıyor.
Nema problema sa rezervoarom. Motor se pregrijao.	Benzin deposunda problem yok. Motor hararet yapmış.
Hoće li popravka dugo trajati?	Tamir uzun sürer mi?
Samo treba vode. Dodat ću vodu u hladnjak.	Sadece suya ihtiyacı var. Soğutucuya su ekleyeceğim.
Imate li rezervne dijelove?	Yedek parçalarınız var mı?

Dijelovi automobila - Araba parçaları

akumulator	akü	pojas	kemer
auspuh	egzos borusu	pokazivač goriva	benzin göstergesi
branik	tampon	prozor	pencere
brisač	silecek	prtljažnik	bagaj
brzinomjer	hız ölçer	registarske tablice	plaka
far	far	retrovizor	dikiz aynası
filter za ulje	yağ filtresi	rezervni dio	yedek parça
filter za zrak	hava filtresi	rezervoar za gorivo	benzin deposu
guma	lastik	ručna kočnica	el freni
hauba	kaporta	šasija	şasi
hladnjak	radyatör	saug	jikle
instrument tabla	kumanda panosu	sjedište	koltuk
karoserija	karoseri	šoferšajbna	ön cam
kočnica	fren	svjećica	buji
krov	tavan	točak	tekerlek
kvačilo	debriyaj	ventil	supap
mjenjač	vites kolu	volan	direksiyon
motor	motor	vrata	kapı
osigurač	sigorta	zadnje svjetlo	arka lamba
pedala za gas	gaz pedalı	žmigavac	sinyal

Alat - Aletler

čekić	çekiç	kliješta	pens
dizalica	kriko	pumpa za gume	lastik pompası
francuski ključ	İngiliz anahtarı	šarafciger	tornavida

TURISTIČKE INFORMACIJE - TURİZM DANIŞMA BÜROSU

Gdje je turistički biro?	Turizm bürosu nerede?
Vrlo blizu Plave džamije.	Sultan Ahmet Cami'sine çok yakın.
Možete li mi dati neke brošure i vodiče?	Broşür ve rehber kitaplarınızdan verir misiniz, lütfen?
U ovom vodiču se nalaze informacije o mjestima za zabavu.	Bu kılavuzda eğlence yerleriyle ilgili bilgiler var.
Možete li mi reći kakve sve vrste smještaja postoje?	Ne tür konaklama yerleri var, söyler misiniz, lütfen?

Postoje različite kategorije hotela.	Çeşitli standartlarda oteller var.
U hotelima sa jednom zvjezdicom cijene se kreću od 30 lira za noć. Cijene se povećavaju u skladu sa brojem zvjezdica.	Tek yıldızlı otellerde fiyatlar otuz'dan başlıyor ve standart yıldızı arttıkça fiyat da artıyor.
Želim da vidim stari dio grada.	Şehrin eski kısmını görmek istiyorum.
Želim da vidim neke istorijske spomenike.	Birkaç tarihi ese görmek istiyorum.
Ne želim da propustim izložbu portreta.	Portreler sergisini kaçırmak istemiyorum.
Da li moram da kupim karte?	Bilet almak zorunda mıyım?
Ulaz je slobodan.	Giriş serbest.
Želim da obiđem muzeje i galerije.	Müzeler ve galerileri gezmek istiyorum.
Koji su najpoznatiji muzeji?	En ünlü müzeler hangileri?
Da li su muzeji otvoreni cijelog dana?	Müzeler bütün gün açık mı?
Kada je izgrađena ova tvrđava?	Bu kale ne zaman yapıldı?
Postoje znamenitosti koje ne želite propustiti u velikom gradu.	Büyük bir şehirde görülecek, kaçırmak istemeyeceğiniz güzel yerler var.
Gdje je najbolje izaći uveče?	Akşam gidilecek en iyi yer neresi?
Gdje se mogu kupiti suveniri?	Hediyelik eşya nereden alabilirim?
Izvinite! Želio bih informacije o obilascima po Istanbulu.	Afedersiniz! İstanbul turları hakkında bilgi almak istiyorum.
Za koju vrstu obilazaka ste zainteresovani? Autobusom ili brodom?	Hangi turlarla ilgileniyorsunuz? Otobüs mü, vapur mu?
Koje opcije imamo?	Hangi seçeneklerimiz var?
Postoje različite opcije i mnogo kompanija.	Çeşitli seçenekler ve birçok firma var.
Imate li neku brošuru o njima?	Onlarla ilgili broşürleriniz var mı?

Bosanski	Türkçe
Naravno. Tu negdje ih mora biti nekoliko. Izvolite.	Elbette. Şurada bazıları olacak. İşte buyrun.
Zainteresovani smo za Vaše dnevne ture. Želimo se pridružiti obilasku koji uključuje Egipatsku pijacu.	Biz günlük turlarınızla ilgileniyoruz. Mısır Çarşısını içeren turunuza katılmak istiyoruz.
Obilazak je autobusom, zar ne?	O tur otobüsle, değil mi?
Da. Koji dan Vam odgovara? Egipatska pijaca je zatvorena nedeljom.	Evet. Size hangi gün uyar? Mısır Çarşısı Pazar günleri kapalı.
Utorak nam odgovara. Kakve su cijene?	Salı günü bizim için uygun. Fiyatlar ne civarda?
50 lira po osobi.	Kişi başına elli lira.
Ima li popust za djecu?	Çocuklar için indiriminiz var mı?
Da. 35 lira za djecu i studente.	Evet. Çocuklar ve öğrenciler otuz beşer lira.
Da li ima dodatnih plaćanja?	Başka ek bir ödeme var mı?
Nema dodatnih plaćanja. Prevoz, ulaznice i ručak su uključeni.	Hiç bir ek ödeme yok. Transferler, giriş ücretleri, öğle yemeği dahildir.
Odakle polazi autobus?	Otobüs nereden kalkıyor?
Polazi sa trga Sultan Ahmet.	Sultan Ahmet Meydanı'ndan kalkıyor.
Kada polazi?	Ne zaman kalkıyor?
U 10 sati sa trga Sultan Ahmet.	Saat onda Sultan Ahmet Meydanı'ndan.
Kada ćemo posjetiti Egipatsku pijacu?	Mısır Çarşısı'nı ne zaman ziyaret edeceğiz?
Ujutro prije ručka.	Sabahleyin, öğle yemeğinden önce.
Kada je vrijeme povratka?	Dönüş saati ne zaman?
Naveče oko 7, vratićemo se na Sultan Ahmet i bit ćete prebačeni do hotela.	Akşam yedide Sultan Ahmet'e döneceğiz ve otelinize transfer edileceksiniz.
Koliko će koštati za 3 odrasle osobe i dvoje djece?	Üç yetişkin ve iki çocuk için ne kadar tutar?

Koštat će samo 220 lira.		Size sadece 220 (iki yüz yirmi) Lira.	
U redu je. Želimo u obilazak. Je li potreban depozit?		Tamam. Biz katılmak istiyoruz. Depozit gerekli mi?	
Da gospodine. 50% ukupne cijene.		Evet beyefendi. Toplam fiyatın % 50 (yüzde ellisi).	
Preporučujemo sportsku obuću.		Spor ayakkabılarla gelmeniz tavsiye edilir.	

crkva	kilise	opis	açıklama
dužina	süre	palata	saray
dvorac	şato	park	park
džamija	cami	razgledati znamenitosti	tarihi yerleri gezmek
galerija	galeri	ruševine	harabe
groblje	mezarlık	sinagoga	sinagog
izložba	sergi	spomenik	anıt
katedrala	katedral	stub	sütün
kongresna dvorana	kongre salonu	tekija	dergah (tekke)
krst	çarmıh	trg	meydan
kula	kule	tvrđava	kale
minaret	minare	uključeno	dahil
most	köprü	ulaznice	giriş ücreti
općina	belediye	zvanična rezidencija	resmi konut

SNALAŽENJE U GRADU - ŞEHİRDE BİLGİ EDİNME

Izvinite, možete li mi reći kako se ide do Taksima?	Afedersiniz, bana Taksim'e nasıl gideceğimi söyler misiniz?
Kako mogu da stignem do Leventa?	Levent'e nasıl gidebilirim?
Ima li negdje pošta u blizini?	Buralarda bir postane var mı?
Ima li negdje banka u blizini?	Buralarda bir banka var mı?
Ima li negdje telefonska govornica u blizini?	Buralarda bir telefon kulübesi var mı?
Gdje mogu da nađem džamiju?	Cami nerede bulabilirim?

Izvinite, ja sam stranac. Gdje se nalazi glavni tržni centar?	Afedersiniz, ben yabancıyım, en büyük alışveriş merkezi nerede?
Idite ovom ulicom sve do semafora.	Bu sokakta trafik ışıklarına kadar doğru gidiniz.
Idite do kraja ulice.	Yolun sonuna kadar gidiniz.
Skrenite desno kod banke.	Bankadan sağ dönün.
Skrenite lijevo u Fatihovu ulicu.	Sola Fatih caddesine dönünüz.
Skrenite u prvu ulicu desno.	Sağdan birinci caddeye dönünüz.
Nalazi se preko puta supermarketa.	Süpermarketin karşısında.
Nalazi se na uglu.	Köşede bulunuyor.
Prođite pored crkve.	Kiliseyi geçin.
Idite autobusom broj 21 i izađite na trećoj stanici.	Oraya gitmek için 21 numara'lı otobüse binin ve üçüncü durakta inin.
Koliko je daleko stanica podzemne željeznice?	Metro durağı ne kadar uzaklıkta?
Oko pet minuta hoda.	Yürüyerek yaklaşık beş dakika uzaklıkta.
Potrebno je oko deset minuta pješice, a samo dva minuta autom.	Arabayla iki dakika, yürüyerek on dakika uzaklıkta.
Je li daleko?	Uzak mı?
Nije previše daleko.	Çok uzak değil.
Oko dvjesto metara.	Yaklaşık iki yüz metre uzaklıkta.
Ne možete promašiti.	Yolunuzun üstündedir, göreceksiniz.
Mogu li hodati do tamo?	Oraya kadar yürüyebilir miyim?
Oprostite. Tražimo Topkapi palaču?	Afedersiniz! Biz Topkapı Saray'ını arıyoruz.
To je veoma daleko odavde.	O buradan çok uzak.
Da li je ovo pravi put do tamo?	Oraya gitmek için bu doğru yol mu?
Možete li mi pokazati na karti gdje smo sada?	Şu anda nerede olduğumuzu haritada gösterebilir misiniz?

Orijentacija - Yönler

desno	sağ	naprijed	ileri
dolje	aşağı	nazad	geri
gore	yukarı	pravac	yön
istok	doğu	pravo	doğru
jug	güney	sjever	kuzey
lijevo	sol	zapad	batı

NATPISI I OBAVJEŠTENJA – UYARI LEVHALARI VE DİĞER İŞARET TABELALARI

Bolnica	Hastane
Izlaz	Çıkış
Guraj!	İtiniz
Hitna služba	Acil
Informacije	Danışma
Izdaje se	Kiralık
Izlaz u slučaju nužde	Acil çıkış
Kapija	Kapı
Krov	Çatı
Lift	Asansör
Muški (WC)	Bay
Na prodaju	Satılık
Ne bacaj đubre!	Çöp atmayınız
Ne gazi travu!	Çimenlere basmayınız
Nema slobodnih mjesta	Boş yer yok
Obavještenja	Danışma
Otvoreno	Açık
Podrum	Bodrum
Pokvareno	Arızalı/Çalışmıyor
Radovi na putu	Yolda çalışma
Rasprodaja	İndirimli Satış /Ucuzluk
Turističke informacije	Turizm bürosu
Ulaz	Giriş
Ulaz slobodan	Giriş serbest
Ulaznica	Giriş bileti

Voda za piće	İçecek su
Vuci!	Çekiniz
Zabranjen ulaz!	Girilmez
Zabranjeno kupanje!	Yüzülmez
Zabranjeno pušenje!	Sigara içmeyiniz
Zatvoreno	Kapalı
Zatvoreno zbog popravki	Tamirat nedeniyle kapalı
Zauzeto	Meşgul
Ženski (WC)	Bayan

U RESTORANU - LOKANTADA

Gdje možemo da pojedemo tipično tursko jelo?	Geleneksel Türk yemeklerini nerede yiyebiliriz?
Gdje se nalazi restoran brze hrane?	Fast-food lokantası nerede?
Ima li negdje ovdje vegetarijanski restoran?	Burada vejeteryanlar için bir lokanta bulunur mu?
Ima li nekih jeftinih restorana u blizini?	Buralarda keseye uygun lokantalar var mı?
Možete li mi preporučiti dobar lokalni restoran?	İyi bir yerel lokanta tavsiye edebilir misiniz?
Dobro veče. Rezervisao sam sto za dvije osobe.	İyi akşamlar. İki kişilik bir masa ayırtmıştım.
Željeli bismo sto za tri osobe.	Üç kişilik bir masa istiyoruz.
Da li bismo mogli da dobijemo sto u uglu?	Köşede boş masa var mı?
Da li bismo mogli da dobijemo sto kraj prozora?	Pencere kenarında boş masa var mı?
Da li bismo mogli da dobijemo sto u dijelu za nepušače?	Sigara içilmeyen bölümde boş masa var mı?

konobar	garson	**konobarica**	bayan garson

Naručivanje - Sipariş

Gladan sam.	Acıktım

Žedan sam.	Susadım.
Mogu li da dobijem jelovnik?	Menüyü alabilir miyim?
Želite li aperitiv prije nego što poručite?	Yemekten önce bir aperitif ister misiniz?
Ne, hvala. Željeli bismo odmah da poručimo.	Hayır, teşekkürler. Hemen sipariş vermek istiyoruz.
Hoćete li viski?	Bir viski alır mısınız?
Ne hvala. Radije bih drugo piće.	Hayır, sağolun. Başka bir şey içmeyi tercih ederim.
Šta biste željeli da poručite?	Ne arzu edersiniz?
Šta biste nam preporučili?	Ne tavsiye edersiniz?
Koji je specijalitet kuće?	Buranın spesiyalitesi ne?
Koje je jelo dana?	Günün yemeği hangisi?
Možete li nam preporučiti lokalno jelo?	Yerel bir şey önerebilir misiniz?
Želite li da probate neke nacionalne specijalitete?	Yöresel yemeklerden arzu eder misiniz?
Preporučujem Vam ribu.	Size balık öneririm.
Želio bih supu.	Bir çorba lütfen.
A za glavno jelo uzet ću biftek.	Sıcak yemeklerden bir biftek rica ediyorum.
Kakav biftek želite?	Bifteğiniz nasıl olsun?
Šta biste željeli uz odrezak?	Bifteğin yanında ne alırsınız?
Koje povrće želite?	Sebze olarak ne arzu edersiniz?
Imate li vegetarijanska jela?	Vejetaryen yemekleri var mı?
Možete li mi dodati so?	Tuzu uzatır mısınız?
Možete li mi dodati sirće?	Sirkeyi uzatır mısınız?
Mogu li da dobijem još malo hljeba?	Biraz daha ekmek alabilir miyim?
Mogu li da pogledam vinsku kartu?	Şarap menünüzü görebilir miyim?
Molim vas, flašu bijelog vina.	Bir şişe beyaz şarap lütfen.
Molim vas, flašu crnog vina.	Bir şişe kırmızı şarap lütfen.
Hladno pivo, molim.	Bir soğuk bira lütfen.

Jednu mineralnu vodu.	Bir maden suyu lütfen.
Molim Vas flašu vode.	Bir şişe su lütfen.
Želite li piće sa ledom?	İçkiniz buzlu mu olsun?
Možete li nam donijeti kafu?	Bize kahve getirir misiniz?
Želite li još vina?	Biraz daha şarap alır mıydınız?
Koje slatkiše imate?	Tatlılardan neleriniz var?
Želite li još nešto?	Başka isteğiniz var mı?

Plaćanje računa - Hesap ödeme

Možete li mi donijeti račun?	Hesabı alabilir miyim?
Mogu li dobiti račun, molim Vas?	Faturamı rica edebilir miyim lütfen?
Račun, molim!	Hesap lütfen.
Izvinite! Još uvijek čekam račun.	Afedersiniz! Hala hesabı bekliyorum.
Platit ćemo odvojeno.	Hesaplar ayrı ayrı olsun lütfen.
Da li je usluga uračunata u cijenu?	Servis dahil mi?
Čini mi se da postoji greška u računu.	Sanırım hesap yanlış toplanmış.
Koliko košta limunada?	Limonata ne kadar?
Stavite to na moj račun, molim Vas!	Onu da faturama ekleyin lütfen.
Da li primate kreditne kartice?	Kredi kartı kabul ediyor musunuz?
Da li ima popust za plaćanje gotovinom?	Peşin ödemeye bir indirim var mı?
Hvala, ovo je za vas. Izvolite!	Teşekkürler. Bu sizin için. Buyurun.

Prigovori - Şikayetler

Nisam to naručio.	Ben bunu ısmarlamamıştım.
Meso je nepečeno.	Bu et iyi pişmemiş.
Meso je prepečeno.	Bu et çok pişmiş.
Ovo je zagorjelo.	Bu yanmış.
Jelo je hladno.	Bu yemek soğuk.
Ovo nije svježe.	Bu taze değil.

Možete li mi zamijeniti ovo?		Bunu değiştirir misiniz, lütfen?	
Hoćete li mi, molim Vas, pozvati šefa sale?		Lütfen, şef garsonu çağırır mısınız?	

kiselo	ekşi	slano	tuzlu
ljuto	acı	masno	yağlı

Posuđe i pribor za jelo - Züccaciye ve çatal bıçak

bokal	sürahi	pepeljara	küllük
čačkalica	kürdan	plitki tanjir	düz tabak
čajnik	çaydanlık	poslužavnik	tepsi
čaša	bardak	posuda za šećer	şekerlik
čaša za čaj	çay bardağı	salveta	peçete
činija za salatu	salata kasesi	šolja	fincan
duboki tanjir	çukur tabağı	stolnjak	masa örtüsü
kašičica	çay kaşığı	tanjir	tabak
kašika	kaşık	tanjirić	tatlı tabağı
nož	bıçak	viljuška	çatal

JELA - YEMEKLER

Doručak - Kahvaltı

bijela kafa	sütlü kahve	kakao	kakao
čaj	çay	jogurt	yoğurt
čaj od jabuke	elma çayı	masline	zeytin
čorba, supa	çorba	masni žuti sir	kaşar
crna kafa	Türk kahvesi	med	bal
džem	reçel	mlijeko	süt
hljeb	ekmek	omlet	omlet
jaja sa šunkom	jambonlu yumurta	pecivo	hamur işi
jaje	yumurta	pogačica	poğaça
kefir	ayran	puter	tereyağı
kafa	kahve	svježi sir	taze peynir
kajgana	kaygana	zemička	açma

Ručak i večera - Öğle ve akşam yemeği

Supe, čorbe - Çorbalar

čorba od gljiva	mantar çorbası
čorba od jogurta	yoğurt çorbası
čorba od jogurta, riže, jaja i mente	yayla çorbası

čorba od leće	mercimek çorbası
čorba od paradajza	domates çorbası
čorba od povrća	sebze çorbası
čorba sa mlijekom	sütlü çorba
pileća supa	terbiyeli tavuk çorbası
pileća supa sa tjesteninom	erişteli tavuk çorbası
riblja čorba	balık çorbası
supa sa rezancima	şehriyeli çorba
tarhana	tarhana çorbası

Jela – Yemekler

batak	tavuk budu	makaroni	makarna
bijelo meso	beyaz et	mljeveno meso	kıyma
bubreg	böbrek	mozak	beyin
burek	börek	odrezak	pirzola
doner	döner kebap	ovčetina	koyun eti
džigerica	ciğer	pica	pizza
file	bonfile	piletina	tavuk eti
glava	baš	pomfrit	patates kızartması
govedina	sığır eti	punjene paprike	biber dolması
grah	kuru fasulye	riža	pilav
gulaš	gulaş	salama	salam
Iskender	İskender kebabı	salata	salata
janjeći but	kuzu budu	šiš ćevap	şiş kebap
janjetina	kuzu eti	sudžuka	sucuk
klepe (mantije)	mantı	svinjetina	domuz eti
kobasica	sosis	teletina	dana eti
krilo	kanat	viršla	sosis

Načini pripreme - Yemek pişirme biçimleri

pržen	kızartma	dimljen	füme
kuhan	haşlama	na ražnju	çevirme
kuhan na pari	buğulama	punjen	dolma
pečen	fırında	pohovan	yumurtaya bandırıp kızartma
ispod sača	tandır	ukiseljen	turşu
na roštilju	ızgara		

Salate - Salatalar

tečni jogurt sa isjeckanim krastavcima i začinima	cacık	šopska salata	çoban salatası

Dezerti - Tatlılar

baklava	baklava	pečena bundeva	kabak tatlısı
čokoladna torta	çikolatalı pasta	puding	puding
jagode sa šlagom	kremalı çilek	sladoled	dondurma
kadaif	kadayıf	sutlija	sütlaç
kolač	kek	tulumbe	tulumba tatlısı
kompot	komposto	voćna salata	meyve salatası
palačinke	krep	voćna torta	meyveli pasta
ašure	aşure	oblanda	gofret
gurabija	kurabiye	hurmašica	şekerpare

Živina - Kümes hayvanları

ćurka	hindi	patka	ördek
guska	kaz	pile	piliç
kokoška	tavuk	noj	devekuşu

Divljač - Av hayvanları

fazan	sülün	srna	dişi geyik
jarebica	keklik	vepar	yaban domuzu
jelen	geyik	zec	tavşan

Ribe i plodovi mora - Balık ve deniz ürünleri

bakalar	morina balığı	plava riba	lüfer
brancin	levrek	rak	yengeç
girice	hamsi	riba list	dil balığı
haringa	ringa	šaran	sazan
hobotnica	ahtapot	sardina	çaça balığı
jastog	istakoz	sipa	mürekkep balığı
jegulja	yılan balığı	školjke	midye
lignja	kalamar	skuša	uskumru
losos	som balığı	slatkovodni rak	tatlısu ıstakozu
orada	çipura	smuđ	tatlısu levreği
oslić	barlam balığı	som	yayın balığı
ostriga	istiridiye	štuka	turna balığı
pastrmka	alabalık	tunjevina	ton balığı

Povrće - Sebzeler

artičoka	enginar	krompir	patates
bamja	bamya	kukuruz	mısır
bijeli luk	sarımsak	kupus	lahana
boranija	taze fasulye	leća	mercimek
bundeva	kabak	mrkva	havuç
celer	kereviz	paprika	biber
crni luk	soğan	paradajz	domates
cvekla	pancar	patlidžan	patlıcan
gljiva	mantar	peršun	maydanoz
grah	kuru fasulye	praziluk	pırasa
grašak	bezelye	rotkvica	turp
hren	yaban turpu	salata	marul
karfiol	karnabahar	šparoge	kuşkonmaz
kopar	dereotu	špinat	ıspanak
krastavac	salatalık	tikvica	kabak

Voće – Meyveler

ananas	ananas	limun	limon
badem	badem	lješnik	fındık
banana	muz	lubenica	karpuz
breskva	şeftali	malina	ahududu/frambuaz
dinja	kavun	mandarina	mandalina
dunja	ayva	narandža	portakal
grožđe	üzüm	orah	ceviz
jabuka	elma	pistacije	antepfıstığı
jagoda	çilek	ribizla	frenk üzümü
kajsija	kayısı	šljiva	erik
kesten	kestane	smokva	incir
kruška	armut	trešnja	kiraz
kupina	böğürtlen	višnja	vişne

Začini - Baharatlar

biber	karabiber	kopar	dereotu
bosiljak	fesleğen	korijander	kişniş
čili	pul biber	kurkuma	zerdeçal
cimet	tarçın	origano	kekik
crvena paprika	kırımızı biber	peršun	maydonoz
đumbir	zencefil	ruzmarin	biberiye
kim	kimyon	senf	hardal

komorač	rezene	susam	susam

PIĆA – İÇECEKLER

Puno sam žedan. — Çok susadım.
Da li imate nešto bezalkoholno? — Alkolsüz içeceğiniz var mı?
Naravno. Šta želite? — Elbette. Ne istersiniz?
Želio bih nešto hladno. Kolu sa ledom, molim! — Soğuk bir şey istiyorum. Buzlu bir kola lütfen.
I ja ću nešto hladno, takođe. Mogu li dobiti sok od narandže? — Ben de soğuk bir şey istiyorum. Portakal suyu alabilir miyim?
Kola sa ledom za nju, sok od narandže za njega i za mene kafa, molim Vas! — Hanım efendi için bir buzlu kola, bey efendi için bir portakal suyu ve benim için bir kahve lütfen.
Kakvu kafu želite, crnu ili sa mlijekom? — Kahveyi nasıl istersiniz, sade veya sütlü?
Crnu bez šećera, molim. — Sade lütfen.

kefir	ayran	**pivo**	bira
alkoholna pića	alkollü içkiler	**rakija**	rakı
bezalkoholna pića	meşrubat	**rum**	rom
džin	cin	**šampanjac**	şampanya
gazirana pića	gazlı içecekler	**sok**	meyve suyu
kafa	kahve	**vino**	şarap
konjak	konyak	**viski**	viski
liker	likör	**voda**	su
limunada	limonata	**votka**	votka
mineralna voda	maden suyu	**žestoka pića**	sert içki

Čajevi - Çaylar

crni čaj	siyah çay	**nana (menta)**	nane
crni sljez	ebe gömeci	**šipak**	kuşburnu
kamilica	papatya	**zeleni čaj**	yeşil çay
lipa	lhlamur	**žalfija**	adaçayı

UPOZNAVANJE - TANIŞMA

Kako se zovete? — Adınız ne?

Zovem se Kadir.	Adım Kadir.
Drago mi je što smo se upoznali.	Tanıştığımıza memnun oldum.
I meni je drago, takođe.	Ben de memnun oldum.
Da li se poznajete?	Siz tanışıyor musunuz?
Mislim da se ne znamo.	Hayır, sanmıyorum.
Da li smo se već negdje sreli?	Daha önce karşılaştık mı?
Da Vas upoznam sa svojim prijateljem.	Arkadaşımla tanıştırayım.
Ovo je moj brat.	Bu kardeşim.

Porodica – Aile

amidža	amca	**sin**	oğul
mlađi brat	kardeş	**snaha**	gelin
stariji brat	ağabey	**starija sestra**	abla
dajdža	dayı	**suprug**	koca/eş
djed	dede	**supruga**	karı/eş
kćerka	kız	**svekar**	kayınpeder
majka	anne	**svekrva**	kayınana
nena	nine	**tetka**	teyze
otac	baba	**unuk**	torun
rođak	akraba/yeğen/kuzen	**unuka**	kız torun
sestra	kız kardeş	**zet**	enişte

POZIVNICE – DAVETLER

Da li biste došli kod nas na večeru u subotu?	Cumartesi günü akşam yemeği için bize gelir misiniz?
Mogu li da Vas pozovem na ručak?	Sizi öğle yemeğine davet edebilir miyim?
Mozeš li da navratiš na piće večeras?	Bu akşam bizim evde bir içki içmeye ne dersin?
Hoćeš li da idemo na kafu?	Kahve içmeye gidelim mi?
Hoćete li da nam se pridružite?	Bize katılmak ister misiniz?
Da li biste išli na izlet?	Pikniğe gitmek ister misiniz?
Da li biste išli na koncert?	Konsere gitmek ister misiniz?

Prihvatanje - Kabul etme

Divno. Hvala!	Çok sevinirim. Teşekkürler.
Sa zadovoljstvom.	Zevkle.
Da, baš bih volio.	Çok iyi olur.
To je vrlo ljubazno od vas.	Çok naziksiniz.
Biće mi drago.	Çok memnun olurum.
Hvala na pozivu.	Davet ettiğiniz için çok teşekkürler.
U koje vrijeme da dođemo?	Saat kaçta geleyim?
Da li bi Vam smetalo ako povedem prijatelja?	Arkadaşımı da getirmemin bir mahsuru var mı?
Drago mi je što ćemo se vidjeti.	Görüşeceğimize sevindim.

Odbijanje - Reddetme

Hvala na pozivu. Nažalost, ne mogu da dođem.	Davetiniz için teşekkürler, fakat gelemem.
Nažalost, ne mogu.	Maalesef, gelemem.
To nije moguće.	Bu mümkün değildir.
To je ljubazno od vas, ali sam prezauzet.	Çok naziksiniz ama meşgulüm.
Lijepo od tebe, ali rođaci mi dolaze u goste ovog vikenda.	Çok naziksin ancak bu hafta sonu akrabalarım ziyaretime geliyorlar.
Ne mogu to uraditi.	Ben bunu yapamam.

Slaganje - Katılmak

Slažem se.	Kabul ediyorum.
I ja tako mislim.	Ben de öyle düşünüyorum./ Katılıyorum.
Da, naravno.	Tabii ki.
Da, zašto da ne.	Tabii ki, neden olmasın.

Neslaganje - Katılmamak

Nisam sasvim siguran.	Kesin bir şey söyleyemem.
Sumnjam.	Sanmıyorum.
Niste u pravu.	Haklı değilsiniz.

Ne slažem se.	Sana katılmıyorum.
Mislim da nije tako.	Bence öyle değil.

Iznenađenje - Sürpriz

Kakvo iznenađenje!	Bu ne sürpriz!
Zaboga!	Aman Allahım.
Zamisli samo!	Şuna bak!
Mora da se šališ.	Şaka yapıyor olmalısın!
To je fantastično!	Bu harika!

Izvinjenja - Özür dileme

Izvinite što kasnim!	Geç kaldığım için özür dilerim.
Nažalost, moram da krenem.	Maalesef, kalkmam lazım.
Izvinjavam se!	Özür dilerim.
Izvinite što Vas prekidam!	Sözünüzü kestiğim için özür dilerim.
Oprostite što Vas uznemiravam!	Sizi rahatsız ettiğim için özür dilerim.
Žao mi je što ste morali da me čekate!	Kusura bakmayın sizi beklettim.
Žao mi je!	Kusura bakmayın.

DRUŽENJE – BİRİYLE VAKİT GEÇİRMEK

Kako si?	Nasılsın?
Kako ste?	Nasılsınız?
Dobro sam, hvala. A Vi?	İyiyim teşekkür ederim, ya siz?
Nije loše.	Fena değil.
Zdravo! Drago mi je što te ponovo vidim.	Mehaba. Tekrar görüştüğümüze çok sevindim.
Šta radiš u posljednje vreme?	Son zamanlarda neler yapıyorsun?
Gdje si? Nema te.	Neredesin? Hiç görünmüyorsun.
Šta ima novo kod tebe?	Ne var, ne yok?
Ništa.	İyilik, ne olsun.

Izvinite, da li je ovo mjesto slobodno?	Afedersiniz, burası boş mu?
Mogu li da sjednem ovdje?	Buraya oturabilir miyim?
Mogu li da Vam se pridružim?	Size katılabilir miyim?
Nemam ništa protiv.	Bence bir mahsuru yok.
Odakle ste?	Nerelisiniz?
U kojem dijelu grada živite?	Hangi semte oturuyorsunuz?
Šta radite u slobodno vrijeme?	Boş zamanınızda ne yapıyorsunuz?
Čime se bavite?	Ne iş yapıyorsunuz?
Kako Vam se sviđa zabava?	Eğlenceyi beğendiniz mi?
Sjajno se provodim.	Çok güzel vakit geçiriyorum.
Ovo je moj broj telefona. Javite mi se!	Bu telefon numaram. Beni ararsınız.
Pozvat ću Vas sutra.	Sizi yarın ararım.
Javit ću Vam se.	Size telefon ederim.
Govorite li turski?	Türkçe biliyor musunuz?
Ne znam baš dobro turski.	Türkçeyi iyi bilmiyorum.
Da li razumijete moje riječi?	Sözlerimi anlıyor musunuz?
Nažalost, ne mogu da razumijem.	Maalesef, anlayamıyorum.
Možete li to ponoviti, molim Vas?	Tekrar söyler misiniz lütfen?
Šta to znači?	Bu ne demek?
Govorite li engleski?	İngilizce konuşuyorr musunuz?
Koliko imate godina?	Kaç yaşındasınız?
Imam dvadeset godina.	Yirmi yaşındayım.
On je mojih godina.	Yaşıtız.
Da li ste udati?	Evli misiniz?
Udata sam. (Oženjen sam).	Evliyim.
Nisam udata.	Bekarım.
Razvedena sam.	Boşandım.
Ja sam udovica.	Dulum.

Gdje ste rođeni?	Nerede doğdunuz?
Možete li da mi učinite uslugu?	Bana bir iyilik yapar mısınız?
Dozvolite da Vam pomognem.	Size yardımcı olayım.
Možete da računate na mene.	Bana güvenebilirsiniz.
Mora da ste pogriješili.	Yanlışınız var.
Predomislio sam se.	Fikrimi değiştirdim.
To nije moj stil.	Benim tarzım değil.
Meni je to prilično dosadno.	Bence oldukça sıkıcı.
To nema nikakve veze sa mnom.	Beni ilgilendirmez.
Svejedno mi je.	Fark etmez.
Žurim.	Acelem var.

IZLAZAK UDVOJE - BULUŞMA

Da li ste slobodni večeras?	Bu akşam boş musunuz?
Kada možemo da se vidimo?	Ne zaman görüşebiliriz?
Da li ste raspoloženi da izađemo na piće?	Bu akşam bir yerde bir şeyler içmeye ne dersiniz?
Za šta ste raspoloženi večeras?	Bu akşam ne yapmak istiyorsunuz?
Idemo li u kino?	Sinemaya gidelim mi?
Gdje ćemo da se nađemo?	Nerede buluşalım?
Doći ću po Vas u osam.	Saat sekizde gelip sizi alırım.
Koja je Vaša adresa?	Adresiniz ne?
Koji je Vaš broj telefona?	Telefon numaranız ne?
Želite li još jedno piće?	Bir içki daha alır mıydınız?
Želite li da igrate?	Dans edelim mi?
Koji ste znak u horoskopu?	Burcunuz ne?
Mogu li da Vas otpratim do kuće?	Sizi eve bırakabilir miyim?
Hvala Vam za divno veče.	Bu güzel akşam için çok teşekkür ederim.
Mogu li ponovo da Vas vidim?	Sizi tekrar görebilir miyim?

KOMPLIMENTI - İLTİFATLAR

Veoma ste ljubazni.	Çok naziksiniz.
Izgledate sjajno!	Harika görünüyorsunuz!
Veoma ste lijepi.	Çok güzelsiniz.
Vrlo ste moderni.	Çok modernsiniz.
Kakva divna haljina!	Ne güzel elbise!
On je zgodan muškarac.	Yakışıklı bir adam.
Jako je duhovit.	Çok eğlenceli.
Izgledate vrlo elegantno.	Çok şık görünüyorsun.
Imate lijepe oči.	Çok güzel gözleriniz var.
Ti si tako prijatna.	Çok zevklisin.
Ti si neobična.	Sen sıradışı birisin.
Veoma si iskren.	Çok dürüstsün.
Vrlo si srdačna.	Çok candansın.
Veoma si atraktivna.	Çok çekicisin.

Riječi ljubavi - Aşk sözleri

Sunce moje!	Güneşim.
Ljubavi moja!	Aşkım.
Draga moja!	Sevgilim.
Anđele moj!	Meleğim.
Dušo moja!	Canım.
Medeno moje!	Tatlım.
Volim te!	Seni seviyorum.
Ja sam zaljubljen u tebe.	Sana aşık oldum.
Ne mogu živjeti bez tebe.	Sensiz yaşayamam.
Trebam te!	Sana ihtiyacım var.
Želim da budeš moja.	Benim olmanı istiyorum.
Volim te svim srcem.	Seni bütün kalbimle seviyorum.
Vrati mi se, ljubavi.	Sevgilim, bana dön.
Moja ljubav će trajati zauvijek.	Sevgim sonsuza kadar sürecek.

Moja ljubav raste iz dana u dan.	Aşkım gün geçtikçe büyüyor.
Ne mogu živjeti bez tvoje ljubavi.	Senin sevgin olmadan yaşayamam.
Moje srce je puno ljubavi.	Kalbim aşkla dolu.
Daj mi svoju ljubav.	Bana sevgini ver.
Dajem ti svu moju ljubav.	Tüm sevgimi sana veririm.
Sve što trebam je tvoja ljubav.	Tek ihtiyacım senin sevgin.
Ne mogu biti sretan bez tvoje ljubavi.	Aşkın olmadan mutlu olamam.
Uvijek ću te voljeti.	Seni her zaman seveceğim.
Sačuvajmo našu ljubav zauvijek.	Aşkımızı sonsuza kadar koruyalım.
Naša ljubav će trajati zauvijek.	Aşkımız ömür boyu sürecek.

IZRAŽAVANJE SUOSJEĆANJA – TAZİYELER

Primite moje iskreno saučešće.	Başınız sağ olsun.
Žao mi je što to čujem.	Bunu duyduğuma üzüldüm.
Mogu li nekako da Vam pomognem?	Size nasıl yardımcı olabilirim?
Kakva šteta!	Ne yazık!
Kakav maler!	Ne şansızlık!
Ne brinite, bit će sve u redu.	Merak etmeyiniz. Her şey iyi olacak.
Više sreće sljedeći put.	Bir dahaki sefere daha iyi şanslar.
Žao mi je što čujem da se ne osjećate dobro.	Rahatsızlığınıza üzüldüm.

OSOBINE – ÖZELLİKLERİ

nizak	kısa boylu	nesebičan	fedakar
visok	uzun boylu	pametan	zeki (akıllı)
dobar	iyi	glup	aptal
loš	kötü	uzak	dar
velik	büyük	širok	geniş
malen	küçük	tih	sessiz

brz	hızlı	glasan	yüksek sesli
spor	yavaş	mlad	genç
lagan	hafif	star (čovjek)	yaşlı
težak	ağır	ispravan	doğru
sretan	mutlu	pogrešan	yanlış
tužan	üzgün	dugačak	uzun
mršav	sıska	kratak	kısa
debeo	şişman	vrijedan	çalışkan
slab	zayıf	lijen	tembel
jak	güçlü	siromašan	fakir
lijep	güzel	bogat	zengin
ružan	çirkin	pažljiv, fin	dikkatli, ince
jeftin	ucuz	nemaran	dikkatsiz
skup	pahalı	prijateljski	dostça
strpljiv	sabırlı	neprijateljski	düşmanca
nestrpljiv	sabırsız	čist	temiz
nov	yeni	prljav	kirli (pis)
star	eski	pun	dolu
vruć	sıcak	prazan	boş
hladan	soğuk	optimista	iyimser
sebičan	bencil	pesimista	karamsar

U POSJETI PRIJATELJIMA - ZİYARETLER

Drago mi je što te vidim. Uđi!	Seni gördüğüme çok sevindim. Buyurun, içeriye geç.
Nisam te vidio čitavu vječnost.	Çok uzun zamandır görüşmedik.
Ovo je poklon za tebe.	Buyurun bu hediye senin için.
Hvala. Kakvo divno iznenađenje!	Teşekkürler. Ne güzel bir sürpriz!
Sjedi! Osjećaj se kao kod svoje kuće!	Buyurun, otur, rahatına bak.
Da li si me teško našao?	Beni bulmakta zorluk çektin mi?
Ne, odlično si mi objasnio.	Hayır. Güzel tarif etmişsin.
Da li si za čaj, kafu?	Çay, kahve, ne alırsın?
Ne, hvala. Trenutno mi se ne pije.	Hayır, teşekkürler. Şu anda canım istemiyor.
Pije mi se nešto hladno.	Canım soğuk bir şey istiyor.

Izvolite čaj. Želite li još malo šećera?	Buyurun çayınız. Biraz daha şeker alır mısınız?
Smijem li da pušim?	Sigara içmemin bir sakıncası var mı?
Imaš li upaljač?	Çakmak var mı?
Gde je pepeljara?	Kültablası nerede?
Hajdemo sada da večeramo.	Haydi, buyurun yemeğe.
Izvanrednog je ukusa.	Çok lezzetli.
Poslužite se kolačima.	Buyurun, pastadan almaz mısınız?
Ne mogu, hvala. Na dijeti sam.	Teşekkürler. Rejimdeyim.
Koliko planiraš da ostaneš?	Burada ne kadar kalmayı düşünüyorsun?
Biće mi drago da se smjestiš kod mene.	Bizde kalırsan çok memnun olurum.
Želim ti pokazati grad.	Sana şehri gezdirmek istiyorum.
Kako se snalaziš u svom novom poslu?	Yeni işinden memnun musun?
Morao bih da krenem inače ću zakasniti.	Hemen çıkmazsam geç kalacağım.
Nemoj da ideš tako rano. Ja ću te odvesti.	O kadar erken çıkmana gerek yok. Ben seni bırakırım.
Otpratit ću te do autobusa.	Otobüse kadar sana eşlik ederim.
Sljedeći put kad dođeš obavezno povedi i ženu.	Gelecek sefer eşinle birlikte bekliyorum.
Pozdravi ženu (muža).	Eşine selamlarımı ilet, lütfen.
Do viđenja i hvala za predivno veče!	Hoşça kalın. Bu harika gece için teşekkürler.
Dođi opet kad god želiš!	İstediğin zaman tekrar gel.

ZABAVA – EĞLENCE

Televizija - Televizyon

Šta ima na televiziji?	Televizyonda neler var?
Hoćeš li upaliti TV molim te?	Lütfen televizyonu açar mısın?
Kako da ga upalim?	Nasıl açacağım?

Koristi daljinski upravljač.	Lütfen uzaktan kumandayı kullan.
Koje dugme da pritisnem?	Hangi düğmeye basacağım?
Pritisni zeleno dugme na vrhu.	Üstteki yeşil düğmeye bas.
Mogu li pojačati?	Sesini açabilir miyim?
Da li imate engleskih programa?	İngilizce programlar var mı?
Prebaci na 25. kanal!	Yirmi beşinci kanala geç.
Kada su vijesti?	Haberler ne zaman?
Imaju kratke vijesti svaki sat.	Saatbaşı kısa haberler var.

antena	anten	reklame	reklamlar
daljinski upravljač	kumanda	satelit	uydu
dječiji program	çocuk programları	serije, (sapunice)	dizi
dokumentarni film	belgesel filmi	sportski program	spor programları
filmovi	filmler	ugasiti	kapatmak
kraj programa	program kapanışı	upaliti	açmak
obrazovni program	eğitim programları	vijesti	haberler
prenos uživo	canlı yayın	zabavni program	eğlence programı

Pozorište - Tiyatro

Da li biste željeli da idete u pozorište večeras?	Bu akşam tiyatroya gitmek ister miydiniz?
Želio bih da vidim neki pozorišni komad prije nego što odem.	Gitmeden önce bir oyun seyretmek istiyorum.
Koliko koštaju dobra mjesta?	İyi yerler ne kadar?
Želim da rezervišem dva mjesta za predstavu u petak uveče.	Cuma akşamki gösteri için iki yer ayırtmak istiyorum.
Na žalost, sve karte su rasprodate.	Üzgünüm, hiç yer kalmadı.
Ostalo je samo nekoliko mjesta na galeriji.	Sadece balkonda birkaç yer var.
Mogu li da dobijem program?	Bir program alabilir miyim?

Koja sjedišta imate?	Koltuklarınız kaç numara?
Imamo deseti red u parteru.	Parterde onuncu sırada yerimiz var.
Odlična predstava.	Çok güzel bir gösteri.
Gluma je bila izvanredna.	Oyunculuk harikaydı.

balkon	balkon	parter	parter
blagajna	bilet gişesi	pozorišni komad	piyes
galerija	galeri	premijera	gala gecesi
koreografija	koreografi	publika	seyirciler
kostim	kostüm	scena	sahne
loža	loca	zavjesa	perde

Kino - Sinema

Šta ima u kinu večeras?	Bu akşam sinemada ne var?
Film koji je režirao čuveni reditelj.	Ünlü bir yönetmenin filmi var.
Vrijedi ga pogledati.	Seyretmeye değer.
Nadam se da nećemo morati da čekamo u redu za karte, jer se daje već tri sedmice.	Film üç haftadır gösterimde olduğundan umarım kuyrukta beklemeyiz.
Ko igra glavnu ulogu?	Başrolde kim oynuyor?
Film je titlovan.	Film, alt yazılı.
Film je sinhronizovan.	Film dublajlı.
Da li biste bili tako ljubazni da se malo pomjerite, ništa ne vidim?	Biraz çekilir misiniz? Hiçbir şey göremiyorum.
Film je bio bolji nego što sam očekivao.	Film umduğumdan güzel çıktı.
Film je bio izvanredan.	Çok güzel bir filmdi.

akcioni film	aksiyon filmi	ljubavni film	aşk filmi
crtani film	çizgi film	naučno-fantastični film	bilim kurgu filmi
drama	drama	ratni film	savaş filmi
glavna uloga	başrol	režiser	yönetmen
gledalac	izleyici	scenario	senaryo
horor	korku filmi	titl	alt yazı
komedija	komedi	triler	gerilim filmi

Noćni klub - Gece kulübü

Možete li mi preporučiti dobar noćni klub?	İyi bir gece kulübü tavsiye edebilir misiniz?
Kada program počinje?	Program ne zaman başlıyor?
Gdje možemo da idemo na ples?	Dansa nereye gidebiliriz?
Mogu li da plešem sa Vama?	Bu dansı bana lütfeder misiniz?
Da li biste željeli da plešete?	Dans etmek ister misiniz?
Hvala, ali ne volim ovu vrstu muzike.	Teşekkürler, ama bu tür müzikten hoşlanmıyorum.
Da li biste popili nešto?	Benimle birşeyler içer misiniz?
Mi želimo ići da gledamo trbušni ples.	Biz oryantal dans gösterisine gitmek istiyoruz.
Na Taksimu ima nekoliko noćnih klubova.	Taksim civarında bazı gece kulüpleri var.
Je li potrebna rezervacija?	Rezervasyon gerekli mi?
Da, jeste. Znam lijepo mjesto.	Evet gerekli. Ben güzel bir yer biliyorum.
Je li dobra plesačica tamo?	İyi dansöz var mı?
Da. Ona je prilično dobra plesačica.	Evet. O oldukça iyi bir dansöz.
Kako možemo napraviti rezervaciju?	Nasıl rezervasyon yaptırabiliriz?
Ja ću Vam pomoći.	Ben size yardımcı olurum.
Molim Vas, napravite rezervaciju za šest osoba.	Lütfen altı kişilik rezervasyon yaptırın.

Hobi - Hobi

Šta radiš u slobodno vrijeme?	Boş zamanlarında ne yaparsın?
Uglavnom slušam muziku.	Genellikle müzik dinlerim.
Muzika je moj hobi.	Müzik benim hobimdir.
Stvarno? Da li sviraš neki instrument?	Gerçekten mi? Bir enstrüman çalıyor musun?
Da, sviram gitaru.	Evet, gitar çalıyorum.
Šta su tvoji hobiji?	Senin hobilerin nelerdir?

Moj omiljeni hobi je baštovanstvo. Šta je tvoj?	Benim favori hobim bahçıvanlık. Seninki nedir?
Volim pecati ribe.	Ben balık avlamaktan hoşlanırım.
Šta te još interesuje?	Başka ilgi alanın?
Volim voziti bicikl. A ti?	Bisiklete binmekten hoşlanırım. Ya sen?
I ja volim biciklizam, takođe.	Bisiklete binmeyi ben de severim.
Želiš li se trkati sa mnom?	Benimle yarışmak ister misin?
Gdje možemo iznajmiti bicikle?	Nereden bisiklet kiralayabiliriz?
Idem pitati recepcionera.	Resepsiyon memuruna soracağım.
Ima li ovdje negdje radnja koja iznajmljuje bicikle?	Buralarda bisiklet kiralama dükkanı var mı?
Trebala bi biti jedna pored pošte.	Postanenin yanında bir tane olmalı.

kolekcionarstvo	koleksiyon	**slikati**	resim yapmak
ronjenje	dalış	**čitati**	okumak
ribolov	balıkçılık	**trčanje**	koşu
slušati	dinlemek	**plivanje**	yüzme

Izložba - Sergi

atelje	atölye	**kustos**	küratör
bista	büst	**mrtva priroda**	natürmort
dizajn	tasarım	**portret**	portre
drvorez	ahşap gravür	**skulptura**	heykel
grafika	grafik	**slika**	resim
instalacija	yerleştirme/enstalasyon	**vrijeme otvaranja**	açılış saati
kist	fırça	**vrijeme zatvaranja**	kapanış saati

Šah - Satranç

konj	at	**pijun**	piyon
lovac	fil	**kralj**	şah
top	kale	**kraljica**	vezir
potez	hamle	**šahovska tabla**	satranç tahtası

Karte - İskambil

dama	kız	**kralj**	papaz

džoker	joker	pik	maça
herc	kupa	pub (žandar)	bacak
karo	karo	špil karata	iskambil destesi
kec (as)	as	tref	sinek

Muzika - Müzik

bubanj	davul	klavir	piyano
flauta	flüt	nota	nota
gitara	gitar	saz	saz
harmonika	akordiyon	truba	boru
hor	koro	violina	keman

Horoskopski znaci - Burçlar

ovan	koç	vaga	terazi
bik	boğa	škorpija	akrep
blizanci	ikizler	strijelac	yay
rak	yengeç	jarac	oğlak
lav	aslan	vodolija	kova
djevica	başak	riba	balık

KOD FRIZERA I BERBERINA – KUAFÖRDE ve BERBERDE

Da li moram da zakažem?	Randevu almam gerekiyor mu?
Mogu li da zakažem za danas popodne?	Öğleden sonra için randevu alabilir miyim?
Nećete morati dugo da čekate.	Fazla beklemezsiniz.
Želim pranje i šišanje.	Saçımı yıkayıp kestirmek istiyorum.
Želim pranje i feniranje.	Saçımı yıkayıp fön çektirmek istiyorum.
Nemojte previše skratiti!	Çok kısa kesmeyin, lütfen.
To je dovoljno.	Bu kadar yeter.
Malo više skratite pozadi!	Arkadan biraz daha alın, lütfen.
Malo više skratite sa strane!	Yanlardan biraz daha alın, lütfen.
Malo više skratite na vratu!	Enseden biraz daha alın, lütfen.
Malo više skratite gore!	Üstten biraz daha alın, lütfen.
Željela bih farbanje kose.	Saçımı boyatmak istiyorum.
Imate li katalog sa bojama?	Renk katalogunuz var mı?

Molim Vas da mi ne stavljate lak za kosu!	Lütfen saç spreyi sıkmayın.
Želio bih brijanje.	Tıraş olmak istiyorum.
Molim Vas potkratite mi bradu!	Sakalımı uçlarından alır mısınız?
Želim da me ošišate sasvim kratko.	Saçımı çok kısa kestirmek istiyorum.

bakarna	bakır rengi	pletenica	örgü
blanš	oryal	punđa	topuz
fen	fön makinesi	šampon	şampuan
frizura	saç kesimi	šišanje na nulu	sıfır numara tıraş
hauba	mizample makinesi	šiške	kakül
hidrogen	hidrojen	trajna	perma
kestenjasta	kestane	umetak	postiş
konjski rep	at kuyruğu	valovita kosa	dalgalı saç
kovrdžava kosa	kıvırcık saç	vikler	bigudi
lak za kosu	saç spreyi	zlatno plava	altın sarısı
masna kosa	yağlı saç	pjena	köpük
oštećena kosa	yıpranmış saç	pletenica	örgü
pepeljasto plava	kül rengi		

DOKTOR – DOKTOR

Gdje se nalazi najbliži dom zdravlja?	En yakın sağlık ocağı nerede?
Gjde se nalazi najbliža bolnica?	En yakın hastane nerede?
Zovite hitnu pomoć!	İlk yardımı çağırın!
Odmah mi pozovite doktora!	Bana hemen bir doktor çağırın.
Gdje se nalazi ordinacija?	Muayenehane nerede?
Može li doktor da me primi odmah?	Doktor beni hemen muayene edebilir mi?
Želim pregled kod specijaliste.	Bir uzman doktoru görmek istiyorum.
Na šta se žalite?	Neyiniz var?
Muka mi je i imam glavobolju.	Midem bulanıyor ve başım ağrıyor.
Možete li da opišete još neke simptome?	Daha başka şikayet söyler misiniz?

Prehlađen sam.	Üşüttüm.
Boli me grlo.	Boğazım ağrıyor.
Boli me stomak.	Midem ağrıyor.
Imam temperaturu.	Ateşim var.
Imam bolove u grudima.	Göğsüm çok kötü ağrıyor.
Patim od jakih glavobolja.	Çok kötü başağrılarım var.
Boli me glava. Imate li nešto protiv bolova?	Başım ağrıyor. Ağrı kesiciniz var mı?
Uzimajte ove tablete svakih osam sati.	Bu haplardan sekiz saatte bir alın.
Imao sam infarkt prije pet godina.	Beş sene önce kalp krizi geçirdim.
Pritisak mi je suviše visok.	Tansiyonum çok yüksek.
Pritisak mi je suviše nizak.	Tansiyonum çok düşük.
Izmjerit ću Vam pritisak.	Tansiyonunuzu ölçeyim.
Alergičan sam na penicilin.	Penisiline alerjim var.
Ja sam dijabetičar.	Şeker hastasıyım.
Koliko dugo se tako osjećate?	Kendinizi ne zamandır böyle hissediyorsunuz?
Svucite se do struka!	Belden yukarı soyunun.
Da li ste mjerili temperaturu?	Ateşinizi ölçtünüz mü?
Lezite!	Yatınız.
Otvorite usta!	Ağzınızı açınız.
Dišite duboko!	Derin nefes alınız.
Nakašljite se!	Öksürünüz.
Gdje osjećate bol?	Ağrıyı tam nerede hissediyorsunuz?
To je blaži grip, ništa ozbiljno.	Soğuk algınlığınız var. Önemli birşey değil.
Uzimajte ove tablete i utopljavajte se.	Bu hapları alınız ve kendinizi sıcak tutunuz.
Morate da ležite u krevetu sedam dana.	Yedi gün istirahat etmelisiniz.
Imate upalu slijepog crijeva.	Apandisitiniz var.

Imate upalu pluća.	Zatürreniz var.
Imate trovanje hranom.	Gıda zehirlenmesinden hastalandınız.
Da li mogu da jedem?	Yemek yiyebilir miyim?
Morat ćete na operaciju.	Ameliyat olmanız gerekiyor.
Dat ću Vam injekciju.	Size iğne yapacağım.
Nastavite sa dosadašnjim liječenjem.	Tedaviye devam ediyorsunuz.
Prepisaću Vam pilule za spavanje.	Size uyku hapı yazacağım.
Da li ste alergični na antibiotike?	Antibiyotiğe alerjiniz var mı?
Da li ste alergični na penicilin?	Penisiline alerjiniz var mı?
Ovaj lijek se uzima tri puta dnevno, prije jela.	Bu ilaç günde üç defa yemekten önce alınır.
Ovaj lijek se uzima tri puta dnevno, posle jela.	Bu ilaç günde üç defa yemekten sonra alınır.
Dat ću Vam sredstvo za umirenje bolova.	Size ağrı-kesici vereceğim.
Uganuo sam nogu.	Bacağım burkuldu.
Istegao sam mišić.	Adalem kasıldı.
Onesvjestio se.	Bayıldı.
Ima jako krvarenje.	Çok kanaması var.
Dogodila se nesreća. Ozbiljno je povrijeđena.	Kaza olmuş. Ciddi bir şekilde yaralanmış.
Gdje Vas boli?	Nereniz ağrıyor?
Imate prelom.	Kırık var.
Imate uganuće.	Burkulma var.
Morat ćete da snimite na rentgenu.	Röntgen çektirilmesi gerekiyor.
Stavit će Vam gips.	Alçıya alınacak.
Ove tablete će Vam pomoći da ublaže bol.	Bu haplar ağrınızı kesecek.
Jesu li sigurne za djecu?	Haplar çocuklar için güvenli mi?
Djeca ih ne mogu koristiti.	Çocuklar kullanamaz.

Koliko košta pregled? — Size borcum ne kadar?

Mogu li da dobijem račun za moje zdravstveno osiguranje? — Sigorta için fatura alabilir miyim?

Bosanski	Turski
anemija	kansızlık
babica	ebe
bolestan	hasta
bolnica	hastahane
bolno	ağrılı
bronhitis	bronşit
carski rez	sezaryen
čir	ülser
depresija	depresyon
dermatolog	cildiyeci
dijabetes	şeker hastalığı
dijareja	ishal
doktor opšte prakse	pratisyen
dom zravlja	sağlık merkezi
epidemija	salgın
epilepsija	sara
eritrocit	al yuvar
fizijatar	fizyatrist
fizioterapeut	fizyoterapist
gastroenterolog	gastroenterolog
ginekolog	jinekolog
grč	kramp
groznica	humma
gubitak krvi	kan kaybı
hirurg	cerrah
hitna pomoć	ilk yardım
infarkt	enfarktüs/inme
infekcija	enfeksiyon
injekcija	iğne
internista	dahiliye doktoru
izvrnut	çıkık
kamen u bubregu	böbrek taşı
oduzetost	felç
oftalmolog	göz doktoru
opekotina	yanık
operacija na otvorenom srcu	açık kalp ameliyatı
operaciona sala	ameliyathane
ortoped	ortopedist
osip	isilik
ospice	çiçek
otečen	şişmiş
otorinolaringolog	kulak-burun-boğaz doktoru
pedijatrija	çocuk doktoru
pinceta	pens
plastični hirurg	plastik cerrah
polomljen	kırık
poremećaj srčanog ritma	kalp ritmi bozkluğu
posjekotina	kesik
potres mozga	beyin sarsıntısı
povraćanje	kusma
prehlada	grip
rak	kanser
rana	yara
recept	reçete
rendgen	röntgen
reuma	romatizma
slijep	kör
šprica	şırınga
srčani udar	kalp krizi
stomačne tegobe	mide rahatsızlığı
sunčanica	güneş çarpması
svrab	kaşıntı
temperatura	ateş
termometar	termometre

kardiolog	kardiyolog	trovanje	zehirlenme
kašalj	öksürük	uganut	burkulmuş
klinika	klinik	ujed (ubod) insekta	böcek sokması
krvarenje	kanama	ukočen	tutulmuş
leukemija	lösemi	upala	iltihap
leukocit	ak yuvar	upala pluća	zatürre
malarija	sıtma	uputnica	sevk kağıdı
medicinska sestra	hemşire	utrnut	karıncalanma
modrica	morarma	vrtoglavica	baş dönmesi
moždani udar	beyin inmesi	zarazan	bulaşıcı
mučnina	mide bulantısı	zatvor	kabız
nalaz	sonuç	zaušnjaci	kabakulak
nesanica	uykusuzluk	zdravstvena knjižica	sağlık karnesi
noćna posuda	sürgü	žulj	nasır
nosila	sedye	žutica	sarılık

Tijelo - Vücut

aorta	şah damarı	nos	burun
bubreg	böbrek	obraz	yanak
butina	uyluk	oči	gözler
čelo	alın	peta	topuk
dah	nefes	pluća	akciğer
dlan	avuç	potiljak	ense
dojka	meme	prepona	kasık
glava	baş	pršljen	omur
grlo	boğaz	prst	parmak
grudi	göğüs	rame	omuz
hrskavica	kıkırdak	rebro	kaburga
jajnik	yumurtalık	ruka	kol
jetra	karaciğer	šaka	el
jezik	dil	slezena	dalak
kičma	omurga	slijepo crijevo	apandisit
koljeno	diz	srce	kalp
kost	kemik	štitna žlijezda	tiroit bezi
koža	cilt	stomak	göbek
krajnik	bademcik	stopalo	ayak
krv	kan	tetiva	kiriş
krvni sud	damar	uši	kulaklar

kuk	kalça	usne	dudaklar
lakat	dirsek	usta	ağız
leđa	sırt	vena	damar
list	baldır kası	vrat	boyun
maternica	rahim	želudac	mide
mišić	kas	zglob	eklem
mokraćni mjehur	mesane	živac	sinir
mozak	beyin	žlijezda	bez
noga	bacak	zubi	dişler

KOD ZUBARA – DİŞÇİDE

Da li se zakazuje pregled kod zubara?	Dişçiden randevü almam gerekiyor mu?
Imam jaku zubobolju.	Dişim çok kötü ağrıyor.
Polomio mi se zub.	Dişim kirildi.
Ispala mi je plomba.	Dolgum düştü.
Sjednite i otvorite usta!	Oturun ve ağzınızı açın.
Da li osjećate bol sad?	Şu anda ağrı hissediyor musunuz?
Morat ću da Vam izvadim zub.	Dişinizi çekmek zorundayım.
Ne želim da se vadi.	Ben dişimi çektirmek istemiyorum.
Dat ću Vam anesteziju, nećete ništa osjetiti.	Size anestezi uygulayacağım. Hiçbir şey hissetmeyeceksiniz.
Desni Vam krvare.	Diş etiniz kanıyor.
Polomio sam protezu.	Protezim kırıldı.
Morat ću da Vam popravim zub.	Dişinizi tedavi etmeliyim.
Možete li mi dati nešto protiv bolova?	Ağrı kesici verebilir misiniz?
Bojim se da Vam tablete neće spriječiti bol.	Korkarım ağrınızı ilaçlar durduramaz.

četkica za zube	diş fırçası	njega zuba	diş bakımı
desni	diş eti	očnjak	köpek dişi
kamenac	diş taşı	pasta za zube	diş macunu
karijes	çürük	plomba	dolgu

korijen zuba	diš kökü	proteza	protez
kutnjak	azı dişi	sjekutić	kesici diş
mliječni zub	süt dişi	umnjak	yirmilik diş

APOTEKA - ECZANE

Gde je najbliža apoteka? — En yakın eczane nerede?

Treba mi nešto za prehladu. — Soğuk algınlığı için birşey istiyorum.

Mogu li da to dobijem bez recepta? — Reçetesiz alabilir miyim?

Koliko se uzima? — Nasıl içeceğim?

ampula	ampul	priručna apoteka	ecza dolabı
antibiotik	antibiyotik	sapun	sabun
antiseptik	antiseptik	sedativ	yatıştırıcı
aspirin	aspirin	sirup	şurup
flasteri	yara bandı	sprej	sprey
gaza	sargı bezi	tableta	hap
gel	jel	termometar	termometre
kapi	damla	vakcina	aşı
krema	krem	vata	pamuk
krema poslije sunčanja	güneş sonrası krem	visoka zaštita	yüksek koruma
lijek	ilaç	vlažne maramice	ıslak mendil
lijekovi protiv bolova	ağrı kesici ilaçlar	zavoj	sargı

GODIŠNJI ODMOR - TATİL

Na plaži – Sahilde

Ima li nekih dobrih plaža u blizini? — Buralarda güzel bir plaj var mı?

Da. Ima jedna nasuprot Blue hotela. — Evet. Blue Hotel'in karşısında bir tane var.

Da li ima bazen za djecu? — Çocuklar için bir yüzme havuzu var mı?

Da. Ima jedan mali blizu plaže. — Evet. Plajın yanında küçük bir havuz var.

Koliko je plaža udaljena od hotela?	Plaj oteleden ne kadar uzak?
Gdje mogu iznajmiti čamac?	Nereden tekne kiralayabilirim?
Ima li ovdje spasilac?	Cankurtaran var mı?
Koliko koštaju ove sunčane naočale?	Bu güneş gözlükleri kaç lira?
Možete li nam donijeti još jednu ležaljku?	Lütfen bir tane daha şezlong getirir misiniz?
Nažalost sve su zauzete sada. Donijet ću vam čim bude slobodna.	Maalesef şu anda hepsi dolu. Biri boşalırsa getiririm.
Gdje se možemo istuširati?	Nerede duş alabiliriz?
Tuševi su na izlazu sa plaže.	Duşlar plajın çıkışında.
More je prljavo, zar ne?	Deniz kirli, değil mi?
Da, takođe je i nemirno.	Evet, aynı zamanda da çırpıntılı.
Opasno je kupati se danas.	Bugün yüzmek tehlikeli.
More nije dovoljno toplo za kupanje.	Deniz yüzmek için yeterince sıcak değil.
Najbolje je da se pružimo na pijesak i sunčamo se.	En iyisi kumlara uzanıp güneşlenelim.
Ako ostanete predugo na suncu, izgorjet ćete.	Uzun süre güneşte kalırsanız yanarsınız.

bazen	yüzme havuzu	pješčana plaža	kumlu plaj
bikini	bikini	plivanje	yüzmek
čamac	tekne	poluostrvo	yarımada
jedriti na dasci	sörf	ronjenje	dalma
kupaći kostim	mayo	ronjenje s opremom	dalgıç elbisesi ile dalma
ležaljka	şezlong	šator	çadır
losion za sunčanje	güneş kremi	skijati na vodi	su kayağı
more	deniz	šljunkovita plaža	çakıllı plaj
obala	sahil	stijena	kaya
odskočna daska	sıçrama/atlama tahtası	sunčane naočale	güneş gözlüğü

opekotina od sunca	güneş yanığı	sunčati se	güneşlenmek
ostrvo	ada	suncobran	güneş şemsiyesi
pecanje	balık avlama	val	dalga
pijesak	kum		

Odmaralište - Tatil köyü

Koliko dugo ste ovdje?	Ne zamandır buradasınız?
Da li je bezbjedno za plivanje?	Yüzmek için yeterince güvenli mi?
Da li je voda dovoljno čista za kupanje?	Su yüzmek için yeterince temiz mi?
Hajde da plivamo!	Haydi yüzmeye gidelim!
Želim da iznajmim čamac.	Tekne kiralamak istiyorum.
Koja je cijena na sat?	Saati ne kadar?
Može li se iznajmiti daska za surfanje?	Sörf tahtası kiralanabiliyor mu?
Može li se iznajmiti oprema za ronjenje?	Dalış ekipmanı kiralanabiliyor mu?
Mogu li se iznajmiti skije za skijanje na vodi?	Su kayağı kiralanabiliyor mu?
Gdje je kabina za presvlačenje?	Soyunma kabini nerede?
Da li stalno moram da nosim ličnu kartu?	Kimlik Kartımı sürekli taşımak zorunda mıyım?
Da li smije da se pije voda iz česme?	Musluktan su içilir mi?
Čuvajte se džeparoša!	Yankesicilere dikkat edin!
Ne smijete ulaziti u džamiju u cipelama.	Camiye ayakkabıyla girilmez.
Hajde da se slikamo!	Haydi fotoğraf çektirelim!

Skijanje – Kayak

Gdje je žičara?	Teleferik nerede?
Imaš li sa sobom skije?	Kayakların yanında mı?
Imaš li sa sobom skijaške cipele?	Kayak ayakkabıların yanında mı?

instruktor skijanja	kayak hocası	skijaški štap	kayak sopası
padina	yamaç	skijaško odijelo	kayak elbisesi
skakaonica	ski-jump	skije	kayaklar
skijaš	kayakçı	slalom	zikzaklı kayma
skijaška staza	kayak pisti	žičara	teleferik
skijaški centar	kayak merkezi	led	buz
planina	dağ	snijeg	kar
vrh	zirve		

Kampovanje - Kamp yapmak

Da li imate listu kampova sa cijenama?	Kamp yerlerinin fiyatlarını gösteren bir listeniz var mı?
Koji je najbliži moru?	Denize en yakın olan hangisi?
Ovo je dobar kamp blizu mora.	Bu denize yakın iyi bir kamptır.
Da li ima restoran?	Lokantası var mı?
Ima li prodavnicu?	Dükkanı da var mı?
Da li možemo iznajmiti šator?	Bir çadır kiralayabilir miyiz?
Naravno. Dobro došli u naš kamp!	Elbette. Kampımıza hoş geldiniz.
Možemo li ostati jednu noć?	Bir geceliğine kalabilir miyiz?
Zašto da ne. Mogu li dobiti Vaše pasoše, molim?	Neden olmasın. Pasaportlarınızı alabilir miyim lütfen?
Imate li tuš?	Duş var mı?
Je li struja uključena u cijenu?	Elektrik fiyatlara dahil mi?
Možemo li postaviti šator tamo?	Çadırımızı şuraya kurabilir miyiz?
Gdje su taoleti?	Tuvaletler nerede?
Oni su blizu restorana.	Onlar restoranın yanında.
Je li ova voda dobra za piće?	Bu su içilebilir mi?
Možete li mi posuditi čekić?	Bana bir çekiç ödünç verebilir misiniz?
Možemo li zapaliti vatru?	Ateş yakabilir miyiz?
Paljenje vatre je dozvoljeno samo na plaži.	Sadece kumsalda ateş yakılmasına izin veriliyor.

baterijska lampa	el feneri	lampa	lamba
čekić	çekiç	logorska vatra	kamp ateşi

deka	battaniye	roštilj	mangal
drva za vatru	odun	ruksak	sırt çantası
električna struja	elektrik	sklonište	korunak
fenjer	fener	šator	çadır
kabanica	yağmurluk	termos	termos
kamp	kamp (kamp yeri)	toalet	tuvalet
kamper	kampçı	tuš	duş
karavan	karavan	vreća za spavanje	uyku tulumu
kompas	pusula	zabranjeno kampovanje	kamp yapılmaz
konopac	halat	zračni krevet	havalı yatak

Selo - Köy

bašta	bahçe	ovca	koyun
dvorište	avlu	pas	köpek
kokoš	tavuk	pašnjak	otlak
konj	at	pijetao	horoz
koza	keçi	potok	dere
krava	inek	štala	ahır
kuća	ev	šuma	orman
njiva	tarla	traktor	traktör
mačka	kedi	vo	öküz

Drveće - Ağaçlar

bagrem	akasya	javor	akçaağaç
bor	çam	lipa	ıhlamur
breza	huş ağacı	omorika	ladin
bukva	kayın ağacı	orah	ceviz ağacı
čempres	servi/selvi	palma	palmiye
grab	gürgen	smreka	ardıç
hrast	meşe	topola	kavak

Cvijeće - Çiçekler

jasmin	yasemin	orhideja	orkide
karanfil	karanfil	ruža	gül
ljiljan	zambak	tulipan	lale
ljubičica	menekşe	visibaba	kardelen
narcis	nergis	zumbul	sümbül

Životinje – Hayvanlar

delfin	yunus balığı	orao	kartal
galeb	martı	papagaj	papağan

glista	solucan	pauk	örümcek
golub	güvercin	pčela	arı
hobotnica	ahtapot	pingvin	penguin
insekt	böcek	puž	salyangoz
jež	kirpi	roda	leylek
kamila	deve	slon	fil
kit	balina	soko	şahin
komarac	sivrisinek	sova	baykuş
kornjača	kaplumbağa	svinja	domuz
krokodil	timsah	tigar	Kaplan
labud	kuğu	vjeverica	sincap
lav	arslan	vrabac	serçe
leptir	kelebek	vrana	karga
lešinar	akbaba	vuk	kurt
medvjed	ayı	žaba	kurbağa
miš	fare	žirafa	zürafa
muha	sinek	zmija	yılan

SPORT – SPOR

Da li Vas zanima sport?	Sporla ilgileniyor musunuz?
Volim da gledam fudbalske utakmice.	Futbol maçları seyretmekten hoşlanırım.
Koji je tvoj omiljeni tim?	Favori takımın hangisi?
Galatasaray je moj omiljeni tim.	Galatasaray benim favori takımım dır.
Da li biste željeli da idete na fudbalsku utakmicu?	Futbol maçına gitmek ister misiniz ?
Ko igra?	Kimlerin maçı var?
Da li je fudbal najpopularniji sport u Vašoj zemlji?	Ülkenizde en popüler spor futbol mu?
Volimo i košarku.	Basketi de seviyoruz.
Koji je rezultat?	Maç sonucu ne oldu?
Ko je postigao golove?	Golleri kim attı?
Očigledno je bio faul.	Kesinlikle faul vardı.
Sudija bi trebalo da dosudi penal.	Hakem penaltı vermeliydi.

Ima još samo nekoliko minuta do kraja.	Maçın bitmesine bir kaç dakika kaldı.
Obje ekipe su igrale dobro.	Her iki takım da iyi oynadı.
Prvo poluvrijeme.	İlk yarı.
Drugo poluvrijeme.	İkinci yarı.
Igrate li tenis?	Tenis oynuyor musunuz?
Da li ste za partiju tenisa?	Tenis maçı yapalım mı?
Želite li igrati tenis sa mnom?	Benimle tenis oynamak ister misiniz?
Zašto da ne! Igrajmo danas popodne ako želiš!	Neden olmasın! İstersen bu akşamüstü oynayalım.
Gdje se nalaze teniski tereni?	Tenis kortları nerede?
Mogu li da iznajmim rekete?	Raket kiralayabilir miyim?
Koja je cijena za sat vremena?	Saat ücreti ne kadar?
Ima li ovdje negdje bazen?	Burada yüzme havuzu var mı?
Da li je otvoreni ili zatvoreni?	Havuz açık mı kapalı mı?
Koliko košta ulaz?	Girişi ne kadar?

atletika	atletizm	penal	penaltı
aut	taç	pobjeda	zafer
dizač tegova	halterci	poraz	yenilgi
dribling	çalım	pozicija	pozisyon
fudbal	futbol	rekord	rekor
gledalac	seyirci	reprezentacija	milli takım
golman	kaleci	revanš	rövanş
hrvač	güreşçi	rezultat	skor
kapiten	kaptan	rukomet	hentbol
klub	kulübü	šampion	şampiyon
kopačka	krampon	sanke	kızak
košarka	basketbol	slobodan udarac	serbest vuruş
liga	lig	stadion	stadyum
lopta	top	sudija	hakem
maser	masör	susret	karşılaşma
mreža	ağ	šut	şut
napad	hücum	svlačionica	soyunma odası
navijač	taraftar	trener	antrenör
odbojka	voleybol	trenerka	eşofman
odbrana	savunma	tribina	tribün

| padobran | paraşüt | udarac | vuruş |

KUPOVINA – ALIŞVERİŞ

Želim kupiti poklon.	Bir hediye almak istiyorum.
Ali, ništa previše skupo.	Ama çok fazla pahalı olmasın.
Gdje mogu da kupim igračke?	Oyuncakları nereden satın alabilirim?

časopis	dergi	kupac	müşteri
cijena	fiyat	narudžba	sipariş
duhan	tütün	novine	gazete
hrana	gıda	prodavnica	dükkan
igračke	oyuncaklar	sniženje	indirim
kvalitet	kalite	upaljač	çakmak

Vrste prodavnica - Dükkan çeşitleri

apoteka	eczane	prodavnica muzičke opreme	müzik evi
buvlja pijaca	bit pazarı	prodavnica namještaja	mobilya mağazası
knjižara	kitabevi	prodavnica obuće	ayyakabı mağazası
market	market	prodavnica odjeće	giyim mağazası
mesara	kasap	prodavnica sportske opreme	spor giyim mağazası
pekara	ekmek fırını	ribarnica	balıkçı dükkanı
piljara	sebzeci	robna kuća	mağaza
poslastičarnica	pastane	supermarket	süpermarket
prodavnica električne opreme	elektrik eşya mağazası	suvenirnica	hediyelik eşya
prodavnica igračaka	oyuncak mağazası	trafika	gazete bayisi
prodavnica kancelarijskog pribora	kırtasiye	zlatara	kuyumcu

Prodavnica odjeće - Giyim mağazası

Kako mogu da Vam pomognem?	Nasıl yardımcı olabilirim?
Želio bih da pogledam košulju.	Gömleklere bakmak istiyorum.

Treba mi pamučna košulja.	Pamuklu bir gömlek istiyorum.
Imate li pantalone?	Pantolon var mı?
Tražim majicu.	Bir tişört arıyorum.
Samo razgledam.	Sadece bakıyorum.
Koji broj nosite?	Kaç beden giyiyorsunuz?
Koju boju biste željeli?	Ne renk arzu edersiniz?
Imamo veliki izbor pantalona.	Çok çeşit pantolonumuz var.
Ovo je najnovija moda.	Bu son moda.
Imamo ove na sniženju.	Bunlarda indirim var.
Želite li još nešto?	Başka bir arzunuz var mı?
Možete li da skinete cijenu (etiketu)?	Etiketi alabilir misiniz?
Možete li da dostavite u hotel?	Otele bırakabilir misiniz?
Koliko košta ovo?	Ne kadar? (Kaç para?)
Imate li nešto jeftinije?	Daha ucuz bir şey var mı?
Imate li nešto manje?	Daha küçük bir şey var mı?
Imate li nešto veće?	Daha büyük bir şey var mı?
Imate li nešto kvalitetnije?	Daha kaliteli bir şey var mı?
Imate li ovakvu haljinu u svijetlo plavoj boji?	Bunun açık mavisi var mı?
Sviđa mi se ona u izlogu.	Vitrindekini beğendim.
Mogu li da probam?	Deneyebilir miyim?
Gdje je kabina?	Kabine nerede?
Imate li ogledalo?	Ayna var mı?
Dobro mi stoji.	Çok güzel oldu.
Ne odgovara mi.	Hayır, bu olmadı.
Imate li ovakvu suknju veću za broj?	Bu eteğin bir büyüğü var mı?
Prekratko je.	Çok kısa.
Predugačko je.	Çok uzun.
Preusko je.	Çok dar.
Preširoko je.	Çok bol.
Želim da probam veći broj.	Daha büyük beden denemek istiyorum.

Želim da probam manji broj.	Daha küçük beden denemek istiyorum.
Uzet ću to!	Bunu alıyorum.
Ovo mi se sviđa, uzimam!	Bu hoşuma gitti, alacağım.
Kako plaćate?	Ödemeyi nasıl yapacaksınız?
Gotovinom.	Nakit.
Kreditnom karticom.	Kredi kartıyla.
Primate li strane valute?	Döviz kabul ediyor musunuz?
Molim vas, platite na kasi!	Lütfen kasaya ödeyiniz.

Vrste odjeće - Elbise çeşitleri

bade-mantil	bornoz	krzno	kürk
bluza	bluz	kupaći kostim	mayo
bodi	badi	majica s kratkim rukavima	tişört
čarape	çorap	maramica	mendil
dugih rukava	uzun kollu	naramenica	vatka
dugme	düğme	odijelo	takım elbise
dukserica	svitşort	pantalone	pantolon
dvoredno kopčanje	kruvaze	patent zatvarač	fermuar
džemper	kazak	pidžama	pijama
džemper na zakopčavanje	hırka	podvezica	jartiyer
farmerke	kot pantalon	polo kragna	polo yaka
gaćice	külot	postava	astar
grudnjak	sütyen	potkošulja	atlet
haljina	elbise	prsluk	yelek
hulahopke	külotlü çorap	pulover	süveter
igla	iğne	rever	erkek yaka
jakna	ceket	rolka	balıkçı yaka
kaiš	kemer	rublje	çamaşır
kapa	şapka	rukavice	eldiven
kapuljača	kapşon	šal	atkı
kaput	palto	izrez	yırtmaç
kecelja	önlük	spavaćica	gecelik
kišni mantil	yağmurluk	suknja	etek
konac	iplik	trenerka	eşofman
košulja	gömlek	tunika	tunik

kratkih rukava	kısa kollu	**ženske čarape**	naylon çorap
kravata	kravat	**ženski kaput**	manto

Tkanine - Kumaşlar

lan	keten	**svila**	ipek
pamuk	pamuk	**tvid**	iskoç kumaşı
platno	bez	**vuna**	yün
somot	kadife	**žersej**	jarse
džins	kot	**najlon**	naylon
velur	nubuk	**sintetika**	sentetik

Dezeni – Desenler

cvijetni	çiçekli	**pepito**	ekose
jednobojan	düz	**prugast**	çizgili
kariran	kareli	**s tačkicama**	puantiyeli

Prodavnica obuće – Ayakkabı mağazası

Želim par cipela.	Ayakkabı almak istiyorum.
Želim par čizama.	Çizme almak istiyorum.
Ove su baš moj broj.	Tam benim numaram.
Malo su tijesne.	Bunlar biraz dar.

baletanke	babet	**niske potpetice**	alçak topuklu
cipele	ayakkabı	**papuče**	terlik
cipele sa gumenim đonom	lastik tabanlı ayakkabılar	**patike**	spor ayakkabı
cipele sa kožnim đonom	kösele tabanlı ayakkabılar	**ravne cipele**	düz ayakkabı
čizme	çizme	**salonke**	abiye ayakkabı
espadrile	espadril	**sandale**	sandelet
mokasine	mokasen	**visoke potpetice**	yüksek topuklu

Zlatara - Kuyumcu

Želim da pogledam onu ogrlicu.	O kolyeye bakabilir miyim?
Trebam lančić i narukvicu.	Bir zincir ve bileziğe bakmıştım.
Trebam prsten i naušnice.	Bir yüzük ve küpeleri almak istiyorum

biser	inci	narukvica	bilezlik
brilijant	pırlanta	ogrlica	kolye
broš	broş	privjesak	pendant
burma	alyans	prsten	yüzük
dijamant	elmas	rubin	yakut
igla za kravatu	kravat iğnesi	safir	safir
lančić	zincir	smaragd	zümrüt
medaljon	madalyon takısı	srebro	gümüş
minđuša	küpe	zlato	altın

Njega tijela – Vücut bakımı

bora	kırışık	maskara	rimel
bubuljica	sivilce	nokat	tırnak
češalj	tarak	olovka za usne	dudak kalemi
četka za kosu	fırça	parfem	parfüm
čvrsti puder	taş pudra	pinceta	cımbız
depilacija	epilasyon	pjega	çil
gel	jöle	pribor za nokte	manikür seti
grickalica za nokte	tırnak makası	puder	pudra
karmin	ruj	rumenilo	allık
krejon	kalem	šminka	makyaj
lak za nokte	oje	suha koža	kuru cilt
losion za lice	yüz losyonu	tečni puder	fondöten
losion za tijeo	vücut kremi	trepavica	kirpik
makaze	makas	turpija za nokte	törpü

Prodavnica električnih uređaja - Elektrik eşyası dükkanı

Želim da kupim šporet. — Ocak almak istiyorum.

Možete li mi pokazati kako da ga upotrebljavam? — Nasıl kullanacağımı gösterir misiniz?

Ima li garanciju? — Garantisi var mı?

bežični telefon	telsiz telefon	radio	radyo
električni roštilj	elektrikli ızgara	satelitska antena	çanak anteni
frižider	buz dolabı	šporet	ocak
luster	avize	stereo uređaj	stereo seti

mašina za pranje suđa	bulaşık makinesi	stolna lampa	abajur
mašina za pranje veša	çamaşır makinesi	televizor	televizyon
mikrotalasna pećnica	mikrodalga fırın	toster	tost makinesi
mikser	fırın mikser/elektrik çırpıcı	usisivač	elektrik süpürge
pegla	ütü	ventilator	vantilatör
pegla na paru	buharlı ütü	zamrzivač	derin dondurucu
pojačalo	amplifikatör	zvučnik	hoparlör

Kod fotografa - Fotoğrafçıda

Treba mi film za foto-aparat.	Fotoğraf makinem için film istiyorum.
Koliko košta izrada slika?	Fotoğraf baskı ücreti ne kadar?
Kada će slike biti gotove?	Fotoğraflar ne zaman hazır olur?
Možete li popraviti ovaj foto-aparat?	Bu fotoğraf makinesini tamir edebilir misiniz?

baterija	batarya	objektiv	objektif
blic	flaş	punjač	şarj cihazı
foto-aparat	fotoğraf makinesi	zum	zoom

U knjižari - Kitapçıda

Želim knjigu o savremenoj književnosti Turske.	Çağdaş Türk edebiyatı konulu bir kitap istiyorum.
Koji je naslov?	Kitabın adı ne?
Žao mi je, ni jedna nije ostala.	Üzgünüm. O kitaptan hiç kalmadı.
Gdje mogu da nađem korišten primjerak?	İkinci el kitabı nerede bulabilirim?
Da li bi Vam ova odgovarala?	Bu işinize yarar mı?
Mogu li pogledati?	Bakabilir miyim?
Želite li beletristiku?	Edebiyatın seçme örneklerini mi istiyorsunuz?

biografija	biyografi	rječnik	sözlük

detektivska priča	detektif romanı	roman	roman
mehki povez	ciltsiz kitap	stručna literatura	uzmanlık kitapları
naučna fantastika	bilim kurgu	tvrdi povez	ciltli kitap

Žalbe (Reklamacije) - Şikayetler

Imam reklamaciju na ove cipele.	Şu ayakkabıları iade etmek istiyorum.
Već se polomila potpetica.	Topuğu hemen kırıldı.
Možete li mi zamijeniti ovaj pulover?	Bu kazağı değiştirebilir misiniz?
Suviše je veliki.	Çok büyük geldi.
Suviše je mali.	Çok küçük geldi.
Pocijepano je.	Yırtılmış.
Mogu li da pogledam Vaš račun?	Fişinizi alabilir miyim, lütfen?
Želim ovo da vratim.	Bunu iade etmek istiyorum.

ŠKOLA - OKUL

Da li postoje stipendije za strane studente?	Yabancı öğrenciler için burslar var mı?
Mogu li da konkurišem za stipendiju?	Burs için başvurabilir miyim?
Da li ću morati da polazem test iz engleskog?	İngilizce sınavına girmem gerekiyor mu?
Kada počinju kursevi?	Kurslar ne zaman başlıyor?
Koliko košta kurs?	Kurs kaç para?
Kakav je smještaj?	Nasıl bir konaklama mevcut?
Molim Vas popunite formular za prijavljivanje.	Başvuru formunu doldurun, lütfen.

akademija likovnih umjetnosti	Güzel Sanatlar Akademisi	muzička akademija	Konservatuar
biologija	Biyoloji	muzički odgoj	Müzik

diploma	diploma	obavezan predmet	zorunlu ders
doktorska teza	doktora tezi	ocjena	not
dokument	belge	osnovna škola	ilkokul
ekonomski fakultet	İktisat ve İdari Bilimleri Fakültesi	pedagoški fakultet	Eğitim Fakültesi
fakultet političkih nauka	Siyasal Bilgiler Fakültesi	pismeni ispit	yazılı sınav
fakultet sporta	Spor Akademisi	popravni ispit	bütünleme
farmaceutski fakultet	Eczacılık Fakültesi	poznavanje prirode i društva	Hayat Bilgisi
filozofski fakultet	Edebiyat Fakültesi	pravni fakultet	Hukuk Fakültesi
fizika	Fizik	predmet	ders
geografija	Coğrafya	prezentacija	gösteri
hemija	Kimya	prijava	başvuru
internat	yatılı okul	razred	sınıf
ispit	sınav	semestar	sömestr
istorija	Tarih	srednja škola	Lise
izborni predmet	seçmeli ders	stomatološki fakultet	Diş Hekimliği Fakültesi
kriterij	ölçüt	školska godina	öğretim yılı
likovni odgoj	Görsel sanatlar dersi	tjelesni odgoj	Beden Eğitimi
matematika	Matematik	upis	kayıt
medicinski fakultet	Tıp Fakültesi	usmeni ispit	sözlü sınav
mentor	danışman	vrijeme za konsultacije	danışmanlık saatleri

RAZGOVOR ZA POSAO - İŞ GÖRÜŞMESİ

Koju ste srednju školu završili?	Hangi liseden mezunsunuz?
Završio sam medicinsku školu.	Sağlık meslek lisesi mezunuyum.
Imate li više obrazovanje?	Daha üst bir eğitiminiz var mı?
Ja sam diplomirani inženjer mašinstva.	Makine Mühendisliği mezunuyum.
Koje je Vaše radno iskustvo?	İş tecrübeniz nedir?
U kojoj firmi ste radili?	Hangi şirkette çalıştınız?

Radio sam u firmi Levent.	Levent Şirketinde çalıştım.
Na kojem radnom mjestu?	Göreviniz neydi?
Radio sam u odjeljenju za finansije.	Mali işler bölümünde çalıştım.
Bio sam šef proizvodnje.	Üretim müdürüydüm.
Radio sam u građevinarstvu.	İnşaat bölümünde çalıştım.
Radio sam na građevinskim projektima u Bosni.	Bosna'da inşaat projelerinde çalıştım.
Imam tri godine iskustva u prodaji.	Satış alanında üç yıllık tecrübe sahibiyim.
Radim u banci.	Bankada çalışıyorum.
Ja sam agent za nekretnine.	Emlakçıyım.
Imate li preporuke?	Herhangi bir referansınız var mı?
Želio bih da se usavršim u ovoj oblasti.	Bu alanda uzmanlaşmak istiyorum.
Dopada mi se mogućnost da putujem u inostranstvo.	Yabancı ülkelere seyahat etmek imkanını araştırmak istiyorum.
Govorim engleski.	İngilizce konuşuyorum.
Imam vozačku dozvolu.	Sürücü belgem var.
Koja je početna plata?	Başlangıç maaşım nedir?
Ne smeta mi da radim prekovremeno.	Fazla mesaiden kaçınmam.

dnevnica	günlük ücret	poslodavac	işveren
namještenik	işçi	povišica	ücret zammı
otkaz	istifa	radno vrijeme	mesai
plata	maaş	zaposliti	çalıştırmak

Zanimanja - Meslekler

advokat	avukat	obućar	ayakkabıcı
apotekar	eczacı	optičar	gözlükçü
arheolog	arkeolog	pekar	fırıncı
arhitekta	mimar	penzioner	emekli
bravar	çilingir	piljar	manav
časovničar	saatçi	pilot	pilot
cvjećar	çiçekçi	pisac	yazar
dadilja	çocuk bakıcısı	pjevač	şarkıcı

direktor	müdür	plesač	dansçı
ekonomista	iktisatçı	policajac	polis
električar	elektrikçi	političar	politikacı
farmer	çiftçi	poštar	postacı
fizioterapeut	fizyoterapist	pravnik	hukukçu
fotograf	fotoğrafçı	premijer	başbakan
frizer	kuaför	prevodilac	tercüman
fudbaler	fotbolcu	prodavač	tezgahtar
glumac	aktör	programer	bilgisayar programcısı
glumica	aktris	psihijatar	psikiyatrist
hirurg	cerrah	psiholog	psikolog
historičar	tarihçi	računovođa	muhasebeci
inžinjer	mühendis	reporter	muhabir
konobar	garson	ribar	balıkçı
kozmetičar	kozmetikçi	rudar	maden işçisi
krojač	terzi	slikar	ressam
kuhar	aşçı	službenik	memur
maneken	manken	smetljar	çöpçü
manikir	manikürcü	spasilac	cankurtaran
matematičar	matematikçi	stolar	marangoz
medicinska sestra	hemşire	sudija	hakim/yargıç
mehaničar	tamirci	travar	aktar
mesar	kasap	trener	antrenör
ministar	bakan	trgovac	tüccar
mljekar	sütçü	turistički vodič	turist rehberi
modni kreator	modacı	vatrogasac	itfaiyeci
moler	badanacı	vodič	rehber
mornar	denizci	vodoinstalater	su tesisatçısı
muzičar	müzisyen	vojnik	asker
nastavnik	öğretmen	vozač	şoför
naučnik	bilim adamı	zemljoradnik	çiftçi
novinar	gazeteci	zlatar	kuyumcu
obezbjeđenje	güvenlik	zubar	diş hekimi

POSLOVI SA NEKRETNINAMA - EMLAKÇI İŞLERİ

Kakav stan tražite? Ne tür bir daire düşünüyorsunuz?
Stan sa jednom spavaćom sobom. Tek yatak odalı daire.

Bosanski	Turski
Dvosoban stan.	İki yatak odalı daire.
Želim kuću sa baštom.	Bahçeli bir ev istiyorum.
Koliko ima spavaćih soba?	Kaç yatak odası var?
Da li ima centralno grijanje?	Merkezi ısıtma var mı?
Da li ima telefon?	Telefon var mı?
Da li ima balkon?	Balkonu var mı?
Da li ima garažu?	Garajı var mı?
Tražim namješten stan.	Eşyalı bir daire istiyorum.
Kolika je kirija?	Kirası ne kadar?
Kada želite da se uselite?	Eve ne zaman taşınmak istersiniz?
Možete odmah da se uselite.	Hemen taşınabilirsiniz.
Javit ću Vam se ubrzo.	En kısa zamanda sizi arayacağım.

Bosanski	Turski	Bosanski	Turski
balkon	balkon	podrum	bodrum
bojler	şofben	polica	etajer
česma	çeşme	posteljina	nevresim
dječija soba	çocuk odası	prilaz kući	araba girişi
dnevna soba	salon	prizemlje	zemin kat
fotelja	koltuk	radna soba	çalışma odası
garsonjera	garsoniyer	sijalica	ampul
glavni ulaz	giriş kapısı	spavaća soba	yatak odası
hodnik	hol	sporedni ulaz	yan giriş
kada	küvet	sprat	kat
kamin	şömine	stambena zgrada	apartman
komoda	komodin	stepenice	merdivenler
kuhinja	mutfak	sto	masa
kupatilo	banyo	tapete	duvar kağıdı
umivaonik	lavabo	tepih	halı
lift	asansör	travnjak	çimen
ormar	dolap	trpezarija	yemek odası
ostava	kiler	vaza	vazo
otirač	paspas	WC šolja	tuvalet
plakar	gardırop	zavjese	perde

TELEFONIRANJE - TELEFON ETMEK

Bosanski	Turski
Žeton, molim!	Bir jeton lütfen.

Mogu li koristiti ovaj telefon?	Bu telefonu kullanabilir miyim?
Žao mi je. Taj ne radi na žetone.	Üzgünüm. O jetonla çalışmaz.
Treba Vam kartica za telefon.	Telefon kartı almanız lazım.
Gdje mogu kupiti karticu za telefon?	Telefon kartı nereden alabilirim?
Mogu li da dobijem gospodina Kadira?	Kadir Bey ile görüşebilir miyim?
Da li je gospodin Kadir tamo?	Kadir Bey orada mı?
Da li znate broj lokala?	Dahili numarasını biliyor musunuz?
Molim vas da me spojite na 114.	Lütfen beni 114'ye bağlayın.
Sačekajte. Spojit ću Vas.	Bekleyiniz. Sizi ilgili kişiye bağlayacağım.
Sačekajte, sad ću ga pozvati.	Bekleyiniz ona bağlayacağım.
Linija je zauzeta.	Hat meşgul.
Nažalost, trenutno nije tu.	Maalesef, şu anda yerinde yok.
Trenutno je na drugoj liniji.	Diğer hatta meşgul.
Možete li mi dati njegovu sekretaricu?	Onun sekreterine bağlayabilir misiniz?
Da li znate kada će se vratiti?	Ne zaman döneceğini biliyor musunuz?
Možete li ga zamoliti da mi se javi?	Beni aramasını söyler misiniz?
Mogu li da ostavim poruku?	Bir mesaj bırakabilir miyim?
Prenijet ću poruku.	Mesajınızı ileteceğim.
Šta da kažem, ko je zvao?	Kimin aradığını söyleyeyim?
Oprostite, ko zove?	Özür dilerim, kim arıyordu?
Nedim. Zovem iz Istanbula.	Nedim. İstanbul'dan arıyorum.
Izvinite, nisam dobro razumio Vaše ime.	Pardon. İsminizi alamadım.
Možete li da govorite glasnije?	Biraz daha yüksek sesle konuşur musunuz?
Možete li da govorite sporije?	Daha yavaş konuşur musunuz?
Izvinite, izgleda da sam dobio pogrešan broj.	Özür dilerim. Yanlış numara çevirmiş olmalıyım.

Hvala. Zvat ću ga ponovo.		Teşekkürler. Ben onu tekrar ararım.	
centrala	santral	mobilni telefon	cep telefonu
govornica	telefon kulübesi	podići slušalicu	telefonu açmak
imenik	telefon rehberi	slušalica	ahize
kartica za telefon	telefon kartı	spustiti slušalicu	telefonu kapatmak
kod područja	alan kodu	telefon sa impulsima	kontörlu telefon
lokal	dahili	telefonska sekretarica	telesekreter
mobilna telefonija	mobil iletişim sistemi	žeton	jeton

ZAKAZIVANJE SASTANAKA - RANDEVU ALMAK

Da li ste slobodni sljedećeg četvrtka?	Haftaya perşembe günü boş musunuz?
Kada bi Vam odgovaralo?	Sizin için ne gün uygun?
Šta kažete na sljedeći vikend?	Gelecek hafta sonu için ne derseniz?
Da, moći ću sljedećeg vikenda.	Evet, gelecek hafta sonu olabilir.
Da, odgovara mi.	Evet, benim için uygun.
Zauzet sam, nažalost.	Maalesef, meşgulüm.
Izvinite, ali neću moći da dođem na sastanak u petak.	Maalesef, Cuma günkü toplantıya katılamayacağım.
Žao mi je, ali nešto mi je iskrslo.	Maalesef, bir engel çıktı.
Zovem da potvrdim naš sastanak sljedeće nedjelje.	Gelecek haftaki randevumuzu teyit etmek için arıyorum.
Nažalost, morat ću da otkažem sastanak sa direktorom.	Maalesef, müdür ile olan randevumu iptal etmeye mecburum.
Da li biste željeli da zakažete u neko drugo vrijeme?	Başka bir günü ayarlamak ister misiniz?
Moramo da odredimo vrijeme za sljedeći sastanak.	Bir dahaki randevu için saat belirlememiz lazım.

Hvala Vam što ste odvojili vrijeme za mene.	Bana zaman ayırdığınız için çok teşekkür ederim.

POSLOVNO PUTOVANJE - İŞ YOLCULUĞU

Da li ste dobro putovali?	Yolculuğunuz nasıl geçti?
Da, hvala, sve je bilo u redu. Nije bilo kašnjenja niti ikakvih problema.	Güzel geçti. Teşekkür ederim. Gecikme ya da başka problem olmadı.
Odvest ću Vas prvo do Vašeg hotela, a onda ćemo da ručamo.	Sizi ilk önce otelinize götüreceğim, ondan sonra yemek yiyeceğiz.
Da hvala, želio bih da se istuširam i odmorim.	Olur, teşekkürler. Bir duş alıp dinlenmek istiyorum.
Da li ste prvi put u Ankari?	Ankara'ya ilk gelişiniz mi?
Da. Uvijek sam želio da dođem, ali nikad nisam imao priliku.	Evet. Daima gelmek istedim fakat fırsatım olmamıştı.
Kako Vam ide posao?	İşler nasıl?
Veoma dobro, hvala.	Çok iyi, teşekkür ederim.
Hvala na gostoprimstvu.	Misafirperverliğiniz için teşekkür ederim.
Bilo nam je zadovoljstvo.	Bizim için zevkti.
Da li Vam je bilo prijatno ovdje?	Burayı sevdiniz mi?
Ispratit ću Vas do aerodroma.	Sizi havalimanına kadar yolcu edeceğim.
Nema potrebe da me ispraćate.	Beni uğurlamanıza gerek yok.
Nadam se da ćemo Vas uskoro vidjeti.	Yakında tekrar görüşmeyi umuyorum.
Bit će mi drago da dođem.	Yeniden gelmeyi umut ediyorum.

POSLOVANJE – İŞLETME

Možete li nam dati povoljnu ponudu?	Uygun bir teklif verebilir misiniz?
Cijena je 10 dolara po komadu.	Parça başına fiyatımız on dolardır.
Očekivali smo nižu cijenu.	Fiyatın daha düşük olmasını bekliyorduk.

Koju ste cijenu očekivali?	Aklınızdaki rakam neydi?
Ponudili smo Vam najbolje uslove.	Size en uygun satış koşullarımızla öneri yaptık.
Možete li mi dati predračun?	Proforma fatura verebilir misiniz?
Željeli bismo da nam date povoljnije uslove plaćanja.	Daha uygun bir ödeme planı teklif etmenizi istiyoruz.
Željeli bismo duži kreditni period.	Ödemelerde daha uzun vade isteriz.
Koliki popust možete da nam ponudite?	Ne kadar indirim yapabilirsiniz?
Željeli bismo da nam date veći popust.	İndirim miktarını arttırmanızı istiyoruz.
Ako bismo poručili veću količinu da li biste povećali popust?	Daha büyük miktarda sipariş verirsek daha da indirim yapar misiniz?
Koji su uslovi plaćanja?	Ödeme şartlarınız nedir?
Da li biste pristali na kreditni period od 60 dana?	Altmış günlük bir vadeyi kabul eder misiniz?
Naši uslovi plaćanja su 30 dana.	Bizim ödeme şartlarımız otuz günlüktür.
Takva je politika kompanije.	Bu şirket politikasıdır.
Mislim da možemo da pristanemo na te uslove.	Bu koşullarda anlaşacağımızı sanıyorum.
Koji je datum isporuke?	Teslim tarihi ne zaman?
Nažalost ne možemo to da prihvatimo.	Korkarım bunu kabul edemeyiz.

Pakovanje i oznake - Ambalajlama ve işaretleme

bala	čuval	lomljiv	kırılabilir eşya
bure	fıçı	nepromočiv	su geçirmez
gajbica	kasa	sanduk	sandık
hermetički zatvoren	vakumlu	svežanj	tomar
karton	karton	vreća	čuval
kartonska kutija	karton kutu	zapečaćen	mühürlü

Transport - Taşıma

avionski tovarni list	havayolu konsinye belgesi	otpremnica	irsaliye
cisterna	tanker	špedicija	sevkiyat
dostavnica	teslim mektubu	tanker	tanker
hladnjača	frigo araç	teretni brod	şilep
kamion	kamyon	tovarni list	çeki listesi
otprema	gönderme	troškovi prevoza	navlun ücretleri

Poslovni termini - İş terimleri

aktiva	aktifler	predsjednik kompanije	kurum başkanı
berza	borsa	preduzeće	şirket
berzanski posrednik	borsa ile ilgili komisyoncusu	probna porudžbina	deneme siparişi
bruto profit	brüt kar	rinfuzna roba	dökme mal
dionica	hisse	rukovodilac	yönetici
dioničar	hissedar	sirovina	hammadde
dioničko društvo	anonim şirket	skladište	antrepo
direkcija	müdürlük	spoljna trgovina	dış ticaret
dobavljač	tedarikçi	trgovina na malo	perakende ticaret
isporuka	teslim	tržište	pazar
kupovina na veliko	toptan satın alım	ugovor	sözleşme
marža	marj	ugovorni rok	anlaşma süresi
mušterija	müşteri	upravni odbor	yönetim kurulu
neto profit	net kar	uvozna dozvola	ithal belgesi
osiguranje	sigorta	uzorak	numune
pasiva	pasifler	veletrgovina	toptan ticaret
porudžbina	sipariş	zajednička ulaganja	ortak yatırım
pošiljka	sevkiyat	zalihe	stok

PRAZNICI - BAYRAMLAR

Nova godina	Yılbaşı
Ramazanski bajram	Ramazan Bayramı
Kurban bajram	Kurban Bayramı
Dan Republike	Cumhuriyet Bayramı

Čestitke - Kutlamalar

Sretan rođendan!	Doğum günün kutlu olsun!
Sretan Božić!	Noeliniz kutlu olsun!
Sretna Nova godina!	Yeni Yılınız kutlu olsun!
Sretan Uskrs!	Paskalyanız kutlu olsun!
Sretan Dan zaljubljenih!	Sevgililer Gününüz kutlu olsun!
Sretna godišnjica!	Yıl dönümünüz kutlu olsun!
Čestitam!	Tebrikler! (Tebrik ederim!)
Sretno!	Başarılar! (Bol şans!)
Sve najbolje!	En iyi dileklerimle!
Nadam se da će sve biti u redu.	Umarım her şey yolunda gider.
Lijepo se provedi!	İyi eğlenceler!
Lijepo se provedi za raspust!	İyi tatiller dilerim!
Prijatan vikend!	İyi haftasonları!
Sretan put!	İyi yolculuklar!
Lijepo spavaj!	İyi uykular!
Nazdravlje! (poslije kihanja)	Çok yaşa!
Živjeli!	Şerefe!
U Vaše zdravlje!	Sağlığınıza!

VREMENSKE PRILIKE - HAVA DURUMU

Kakvo je vrijeme danas?	Bugün hava nasıl?
Kakav divan dan!	Ne güzel bir gün!
Izgleda da će biti lijepo vrijeme.	Galiba hava güzel olacak.
Izgleda da će padati kiša.	Galiba yağmur yağacak.
Kakvo užasno vrijeme!	Ne kötü bir hava!
Lijep dan, zar ne?	Hava güzel, değil mi?
Da li je uvijek ovako hladno?	Hava her zaman böyle soğuk mu oluyor?
Da li je obično ovako toplo?	Hava her zaman böyle sıcak mı oluyor?
Mislite li da će se razvedriti?	Güneş açılacak mı?
Mislite li da će padati kiša?	Yağmur yağacak mı?

Da, čini se da će početi kiša uskoro.	Evet, birazdan yağmur başlayacak gibi.
Da li trebam kišobran?	Şemsiyeye ihtiyacım olur mu?
Predlažem Vam da ponesete kišobran.	Size şemsiyenizi yanınıza almanızi tavsiye ederim.
Pada li kiša?	Yağmur mu yağıyor?
Mislite li da će puhati vjetar?	Hava rüzgarlı mı olacak?
Sunce sija.	Hava güneşli.
Pada snijeg.	Kar yağıyor.
Pada kiša.	Yağmur yağıyor.
Užasno je vruće.	Çok sıcak.
Ledeno je.	Çok soğuk.
Kakvo će vrijeme biti sutra?	Hava yarın nasıl olacak?
Ponovo sunčano, ali malo vjetrovito.	Yine güneşli, fakat biraz rüzgarlı.
Koliko je stepeni?	Kaç derece?
Vrijeme je veoma toplo. Blizu 31°C.	Hava çok sıcak. Neredeyse 31 derece.
Pet stepeni iznad nule.	Hava beş derecedir.
Mislite li da će snijeg u Erzurumu?	Erzurum'da kar yağacağını düşünüyor musun?
Mislim da ne. Rano je za snijeg.	Sanmıyorum. Kar için daha erken.

duga	gök kuşağı	padavine	yağış
grad	dolu	poplava	sel
grmljavina	gök gürültüsü	povjetarac	hafif rüzgar
munja	yıldırım	prohladno	serin
hladno	soğuk	prolom oblaka	sağanak yağış
lavina	çığ	sitna kiša	yağmur çiseliyor
kiša	yağmur	snijeg	kar
kišobran	şemsiye	stepen	derece
klima	iklim	temperatura	hava sıcaklığı
led	buz	tmurno	kapalı hava
magla	sis	toplo	sıcak
mraz	don	užasno, grozno	berbat
munja	şimşek	vazdušni pritisak	hava basıncı

nebo	gök	vedro	açık
oblačno	bulutlu	vjetar	rüzgar
oblak	bulut	vlažan	nemli
oluja	fırtına	vremenska prognoza	hava raporu

VANREDNE SITUACIJE - ACIL DURUMLAR

Pozovite policiju!	Polisi çağırınız!
Pozovite doktora!	Doktoru çağrınız!
Brzo dovedite pomoć!	Çabuk yardım çağırınız!
Uhvatite lopova!	Hırsızı yakalayınız!
Ostavite me na miru.	Beni rahat bırakınız.
Izgubio sam se.	Yolumu kaybettim.
Gdje se nalazi policijska stanica?	Karakol nerede?
Izgubio sam pasoš i novčanik.	Pasaportumu ve cüzdanımı kaybettim.
Gdje ste ih izgubili?	Nerede kaybettiniz?
U autobusu.	Otobüste.
U restoranu.	Restoranda.
Na ulici.	Sokakta.
Želim da prijavim krađu.	Bir hırsızlık olayını ihbar etmek istiyorum.
Ukraden mi je novac.	Param çalındı.
Ukradena mi je torba.	Çantam çalındı.
Upomoć! Upomoć! Ima li neko da mi pomogne?	İmdat! İmdat! Bana yardım edecek biri var mı?
Šta se desilo?	Ne oldu?
Da li ste povrijeđeni?	Yaralandınız mı?
Dogodila se nesreća. Neko je povrijeđen.	Bir kaza oldu. Biri yaralandı.
Molim Vas, smirite se! Kakva se nesreća desila?	Lütfen sakin olun. Ne tür bir kaza oldu?
Neko je udaren autom.	Birine bir araba çarptı.
U redu. Zovem hitnu pomoć.	Peki. Bir ambulans çağırıyorum.

Želim nazvati ambasadu. Elçiliğimizi aramak istiyorum.
Treba mi advokat. Bana avukat lazımdır.

kazna	ceza	**opomena**	ihtar
krivično djelo	cinayet	**zapisnik**	tutanak
lisice	kelepçe	**zakon**	kanun
mito	rüşvet	**zatvor**	hapishane

PISMA - MEKTUPLAR

Pismo u znak zahvalnosti - Teşekkür mektubu

Dragi Kadire
Sevgili Kadir,

Zahvaljujem se tebi i tvojoj ženi što ste nas pozvali prošlog vikenda.
Geçen hafta sonu olan davetiniz için sana ve eşine teşekkürlerimizi sunuyoruz.

Lijepo smo se proveli i bilo je veoma lijepo vidjeti Vas poslije toliko vremena.
Aradan geçen bunca zaman sonra sizi görmek çok güzel ve zevkli idi.

Hvala Vam još jednom na Vašem gostoprimstvu i nadamo se da ćemo se vidjeti što prije.
Bir kez daha misafirperverliğiniz için teşekkür eder, en yakın zamanda sizinle tekrar buluşmayı umuyoruz.

Srdačni pozdravi tebi i tvojoj ženi,
Eşine ve sana en derin saygılarımı sunarım,

Vaš, Nedim
Selamlar, Nedim

Čestitka - Kutlama mektubu

Draga Zejnep,
Sevgili Zeynep,

Nisam mogla zamisliti da ćete se ti i Ismail tako brzo vjenčati.
Senin İsmail'le bu kadar çabuk evleneceğinizi hiç tahmin etmiyordum.

Šaljem ti mali poklon za dnevni boravak.
Oturma odanız için küçük bir hediye gönderiyorum.

Ako je to nešto što ti ne treba, možete zamijeniti.
Eğer buna ihtiyacınız yoksa başka bir şey ile değiştirebilirsiniz.

Ovom prilikom, želim da ti i tvoj divni suprug budete vječno sretni.
Bu vesile ile senin ve sevgili kocanın sonsuza kadar mutlu olmanızı diliyorum. Bunu hakettiniz.

S ljubavlju, Fatma
Sevgilerimle, Fatma

Izjave saučešća - Taziye mektupları

Veoma smo ožalošćeni zbog vijesti o iznenadnoj smrti Kemala Akyüza.
Kemal Akyüz'ün ani ölümünü duymak bizi fazlasıyla üzdü.

Duboko nas je potresla vijest o iznenadnoj smrti gospodina Kemala Akyüza.
Bay Kemal Akyüz'ün ani ölümü dolayısıyla derinden sarsıldık.

Primite moje najiskrenije saučešće.
Başınız sağ olsun.

RJEČNIK KOMPJUTERSKIH TERMINA
BİLGİSAYAR TERİMLERİ SÖZLÜĞÜ

otvori	aç
otpakovati program	programı açmak
priključiti se na mrežu	ağa girmek
aktivan	aktif
komponente hardvera/softvera	yazılım bileşenleri
paleta alatki	araç çubuğu
alatke	araçlar
pozadina	arkaplan
podesiti	ayarlamak
podešavanje	ayar
resetovati	ayarları sıfırlamak
spojiti, povezati	bağlamak
štampati	çıktı almak
pritisnuti	tıklamak
ispustiti	bırakmak
slobodan, prazan, isprazniti	boş
slobodna memorija	boş hafıza
prostor, razmak	boşluk
podijeliti ekran	bölmek
dio	bölüm
pronaći	bul
uređaj za snimanje i reprodukciju diskova	CD sürücü
pad sistema	sistemin çakılması
sukob	çakışma
izvršiti	çalıştırmak
preokrenuti, obrnuti	çevirmek
izbaciti	çıkarmak
izađi iz programa	çıkış
vući, crtati	çizmek
zamijeniti	değiştirmek
uzorak	desen
nastaviti prekinuto, ponovo	yeniden devam etmek
upozorenje	dikkat
čvrsti disk (hard disk)	disk sürücü

disketa	disket
direktorijum	dizin
prikazati izgled nečeg	dizmek
kompjuterske komponente	donanım
datoteka (file)	dosya
obrađivati tekst, sliku	yazıyı düzeltmek
urediti	düzenlemek
elektronska pošta	e - posta
dodati	eklemek
umetnuti	araya eklemek
etiketa, oznaka	etiket
rezultat	sonuç
omogućiti, osposobiti	etkinleştirmek
miš	fare
pogrešan	geçersiz
pogrešna lozinka	geçersiz şifre
privremen	geçici
napredan	gelişmiş
glavni, opći	genel
opća greška	genel hata
poništiti	geri almak
rastegnuti	genişletmek
pretraživač	arama motoru
istražiti	araştırmak
pristup	giriş
nemate pristupa	giriş reddedildi
unijeti (enter)	girmek
skriven	gizli
slati, poslati	gönder
zadatak	görev
paleta aktivnih programa	görev çubuğu
onemogućiti	görev dışı bırakmak
ekran	görüntü
izgled	görünüm
memorija	hafıza
greška	hata
odredište	hedef

poravnavanje	hizaya sokmak
zvučnik	hoparlör
ćelija	hücre
ikona	ikon
vratiti poništeno	geri almak
neaktivan	inaktif
interaktivan	interaktif
internet	internet
kratko uputstvo, savjet	ipucu
znak, oznaka	işaret
obraditi	Işlem yapmak
podebljana slova (bold)	kalın
zatvoriti fajl	dosyayı kapatmak
znak ili slovo u tekstu	karakter/harf
snimiti, sačuvati	kaydetmek
izvor, porijeklo	kaynak
ivica	kenar
odsjeći	kesmek
prekid	durdurma
prečica	kısa yol
tastatura	klavye
kolona	kolon
sastav, konfiguracija	konfigürasyon
kopirati	kopyalamak
korisnik	kullanıcı
upotrijebiti, koristiti	kullanmak
komanda	kumanda
veza	link
spisak	liste
margina	margin
medij	medya
mreža	net/ağ
pretraživati internet	nette araştırmak
tačka	nokta
sredina, centar	orta
ukinuti	ortadan kaldırmak
igre	oyunlar

pregled	ön izleme
svojstva	özellikler
program	program
slika	resim
davalac internet usluga	internet servis sağlayıcısı
virtuelna realnost	sanal gerçeklik
red, linija	satır
strana	sayfa
odabrati	seçmek
opcija, izbor	seçenek
novi prozor	sekme
jačina zvuka	ses ayarı
ivica	sınır
izbrisati	silmek
kraj	son
centralni kompjuter	sunucu
vući, prevlačiti	sürülemek
lozinka (password)	şifre
promjena	şift
tabela	tablo
pretraživati	taramak
pomjeriti, premjestiti	taşımak
osvježiti	tazelemek
ponoviti	tekrar etmek
pokušati ponovo	tekrar denemek
tipka	tuş
obavijestiti	uyarı
kompatibilnost	uyumluluk
uobičajeno	varsayılan
poništiti	vazgeçmek
baza podataka	veri tabanı
virus	virüs
konfiguriranje	yapılandırma
zalijepiti	yapıştırırmak
napraviti	oluşturmak
vrsta slova	yazı karakteri
štampač	yazıcı

kompjuterski programi, igre	yazılım, oyunlar
pisati	yazmak
novi	yeni
nema dovoljno memorije	yeterli hafıza yok
ignorisati	yok saymak
učitati	yüklemek
raspored	atama
vremenska zona	zaman dilimi

BOŠNAKÇA ALFABE VE TELAFFUZ

Boşnakça alfabesi Latin harfleriyle yazılır. Boşnakça alfabesi 30 harften oluşur. Bunlardan 5'i ünlü, 25'i ise ünsüz harfler.

- **A a** - Tıpkı Türkçedeki 'A' sesini verir.
  Örnek: advokat (avukat) Okunuşu: advokat

- **B b** - Tıpkı Türkçedeki 'B' sesini verir.
  Örnek: bife (büfe) Okunuşu: bife

- **C c** - Türkçedeki 'TS' harflerinin birlikte okunmasıyla çıkan sesdir.
  Örnek: cilindar (silindir) Okunuşu: tsilindar

- **Č č** - Türkçedeki 'Ç' sesine sert vurgu yaparak söylenir.
  Örnek: čaša (bardak) Okunuşu: çaşa

- **Ć ć** - Yine Türkçedeki 'Ç' sesini verir.
  Örnek: ćevap (kebap) Okunuşu: çevap

- **D d** - Tıpkı Türkçedeki 'D' sesini verir.
  Örnek: dugme (düğme) Okunuşu: dugme

- **Đ đ** - Türkçedeki 'C' sesini verir.
  Örnek: đubre (gübre) Okunuşu: cubre

- **Dž dž** - Yine Türkçedeki 'C' sesine sert vurgu yaparak söylenir.
  Örnek: džep (cep) Okunuşu: cep

- **E e** - Tıpkı Türkçedeki 'E' sesini verir.
  Örnek: eksperiment (deney) Okunuşu: eksperiment

- **F f** - Tıpkı Türkçedeki 'F' sesini verir.
  Örnek: fes (fes) Okunuşu: fes

- **G g** - Tıpkı Türkçedeki 'G' sesini verir.
  Örnek: guverner (vali) Okunuşu: guverner
- **H h** - Tıpkı Türkçedeki 'H' sesini verir.
  Örnek: harač (haraç) Okunuşu: haraç

- **I i** - Tıpkı Türkçedeki 'İ' sesini verir.
  Örnek: istoričar (tarihçi) Okunuşu: istoriçar

- **J j** - Bu harf Türkçe 'Y' gibi okunur.
    Örnek: jelek (yelek) Okunuşu: yelek

- **K k** - Tıpkı Türkçedeki 'K' harfi gibi okunur.
    Örnek: kupus (lahana) Okunuşu: kupus

- **L l** - Tıpkı Türkçedeki 'L' harfi gibi okunur.
    Örnek: lice (yüz) Okunuşu: litse

- **Lj lj** - Türkçe 'LY' gibi okunur. Ancak buradaki 'Y' sesi çok kısa ve belirsiz söylenir.
    Örnek: ljubav (aşk) Okunuşu: lyubav

- **M m** - Tıpkı Türkçedeki 'M' sesini verir.
    Örnek: mitologija (mitoloji) Okunuşu: mitologiya

- **N n** - Tıpkı Türkçedeki 'N' sesini verir.
    Örnek: nelogičan (mantıksız) Okunuşu: nelogiçan

- **Nj nj** - Türkçe 'NY' gibi okunur. Ancak buradaki 'Y' sesi de çok kısa ve belirsiz söylenir.
    Örnek: njuh (koku) Okunuşu: nyuh

- **O o** - Tıpkı Türkçedeki 'O' sesini verir.
    Örnek: otisak (damga) Okunuşu: otisak

- **P p** - Tıpkı Türkçedeki 'P' sesini verir.
    Örnek: papagaj (papağan) Okunuşu: papagay

- **R r** - Tıpkı Türkçedeki 'R' sesini verir.
    Örnek: račun (hesap) Okunuşu: raçun
- **S s** - Tıpkı Türkçedeki 'S' sesini verir.
    Örnek: savjet (nasihat) Okunuşu: savyet

- **Š š** - Türkçe 'Ş' sesinin aynısıdır.
    Örnek: šolja (fincan) Okunuşu: şolya

- **T t** - Tıpkı Türkçedeki 'T' sesini verir.
    Örnek: tuš (duş) Okunuşu: tuş

- **U u** - Tıpkı Türkçedeki 'U' sesini verir.
    Örnek: ulica (cadde) Okunuşu: ulitsa

- **V v** - Tıpkı Türkçedeki 'V' sesini verir.
  Örnek: vino (şarap) Okunuşu: vino

- **Z z** - Tıpkı Türkçedeki 'Z' sesini verir.
  Örnek: zumbul (sümbül) Okunuşu: zumbul

- **Ž ž** - Türkçe 'J' sesinin aynısıdır.
  Örnek: žaba (kurbağa) Okunuşu: jaba

www.ingramcontent.com/pod-product-compliance
Lightning Source LLC
Chambersburg PA
CBHW071309060426
42444CB00034B/1752